健身行业组织支持

对组织可持续发展绩效的影响

JIANSHEN HANGYE ZUZHI ZHICHI

DUI ZUZHI KECHIXU FAZHAN JIXIAO DE YINGXIANG

王喆 ● 著

东华大学出版社

·上海·

摘要

一直以来,组织支持感引起了组织行为学领域学者们的广泛关注。然而通过查阅和整理相关文献发现,组织支持感的研究虽涉及众多结果变量,但组织支持感对结果变量的影响大多是线性的,这与管理实践的复杂性并不吻合,有必要关注非线性的相关理论在管理实践中的应用。另外,人的复杂性决定了在不同情景下人的行为具有不确定性。虽然有关组织支持感的研究已在多种情境下进行了实践,例如电子商品销售员、国家机构人员和护士,但并未查阅到在健身行业背景下组织支持感的相关研究。本书基于社会交换理论和过犹不及(Too Much of A Good Thing,TMGT)理论,从个人—组织契合的角度出发探究健身行业组织支持感对员工离职意愿和感知组织可持续发展绩效的影响机制,提出了组织支持感并不总是越多越好的管理思想。论文运用文献研究法、问卷调查法等研究方法,运用元分析方法、验证性因子分析、分层多元回归分析等统计分析方法。论文的核心内容和重要结论主要体现在如下几个方面:

第一,组织支持感对离职意愿和工作绩效影响的元分析。在文献检索和梳理的基础上获得212篇关于组织支持感的文献,经过再次筛选最终获得与组织支持感和离职意愿、组织支持感和工作绩效相关的39篇实证研究文献,含45个独立研究样本、总样本量达到13 813个。通过元分析方法对实证文献进行二次统计分析发现,组织支持感对离职意愿与工作绩效的影响在行业间有显著差异,组织支持感与离职意愿和工作绩效之间分别呈中等程度的负相关关系和中等程度的正相关关系。

第二,在个人—组织契合调节下,组织支持感对员工离职意愿的影响机制。

本研究以健身行业为研究对象,对 329 份有效问卷进行分层多元回归分析,探究不同程度的个人契合条件下组织支持感对员工离职意愿的影响机制。研究结果显示,当个人—组织契合较高时,员工感知的组织支持与离职意愿呈显著的线性负相关关系;当个人—组织契合较低时,如果员工感知到适中的组织支持,那么感知的组织支持能有效降低离职意愿;但是如果员工感知到的组织支持超过一个阈值,那么反而会提高离职意愿。即当个人—组织契合较低时,员工感知的组织支持与离职意愿之间呈倒 U 型的曲线趋势。另外,当个人—组织契合较高时,组织承诺和工作倦怠在情感性组织支持感与离职意愿间起完全中介作用,在工具性组织支持感与离职意愿间起部分中介作用;当个人—组织契合较低时,组织承诺和工作倦怠在工具性和情感性组织支持感与离职意愿间起部分中介作用。

第三,在个人—组织契合调节下,组织支持感对员工感知组织可持续发展绩效的影响机制。不同于以往探究组织支持感与个人结果变量之间关系的研究范式,本书检验了在不同程度的个人—组织契合下,组织支持感对员工感知的组织可持续发展绩效的作用机制。通过对 221 份有效问卷进行分层多元分析,得出如下结论,当个人—组织契合较高时,员工感知的组织支持与感知组织可持续发展绩效呈显著的线性正相关关系;当个人—组织契合较低时,如果员工感知到适中的组织支持,则感知的组织支持能有效提高感知组织可持续发展绩效;但是如果员工感知到的组织支持超过一个阈值,则反而会降低感知组织可持续发展绩效。即,当个人—组织契合较低时,员工感知的组织支持与感知组织可持续发展绩效之间呈倒 U 曲线趋势。另外,当个人—组织契合较高时,组织承诺和工作满意度在组织支持感与感知组织可持续发展绩效间的关系中起到部分中介作用;当个人—组织契合较低时,组织承诺和工作满意度在组织支持感与感知组织可持续发展绩效间的关系中起到完全中介作用。

第四,基于本书研究结果提出了管理实践的启示和建议。研究结果表明,在管理实践中管理者应该关注到组织支持感和个人—组织契合的重要性。采用事前控制在招聘环节尽量选择与组织价值观契合的员工。采用事中控制对已有员工进行培训,促进员工对组织价值观和文化的认同。另外,在给予员工组织支持时要根据不同的个人—组织契合度采取不同的组织支持策略来促进员工的积极行为和提高组织可持续发展绩效。

本书的创新点主要体现在:第一,通过元分析方法整合了前人对组织支持感与离职意愿和工作绩效相关影响未达成的共识,为系统地探究组织支持感的作用机制奠定基础;第二,将健身行业纳入组织支持感和社会交换理论的研究情景中,丰富了组织支持感相关理论,拓宽了社会交换理论;第三,从个人—组织契合的视角出发,提出了组织支持感对离职意愿和感知组织可持续发展绩效的非线性影响机制,为相关学者研究组织支持感相关理论提供了新的研究方向;第四,探讨了组织支持感对感知组织可持续发展绩效的作用,从企业结果变量角度充实组织支持感的研究。

目 录

01
第1章 绪论 ·· 001

1.1 研究背景 /002

1.2 研究意义 /004

    1.2.1 理论意义 /004

    1.2.2 现实意义 /005

1.3 研究设计 /006

    1.3.1 研究方法 /006

    1.3.2 研究内容框架和技术路线 /008

1.4 论文创新点 /010

1.5 研究内容 /010

02
第2章 相关文献回顾 ································ 012

2.1 理论基础：社会交换、个人—组织契合和过犹不及理论 /013

    2.1.1 社会交换理论 /013

    2.1.2 个人—组织契合理论 /018

    2.1.3 过犹不及理论 /023

2.2 组织支持感相关理论述评 /025

    2.2.1 研究步骤及方法 /025

    2.2.2 组织支持感测量维度研究 /027

    2.2.3 组织支持感前置变量研究 /029

    2.2.4 组织支持感结果变量研究 /036

    2.2.5 简要述评及展望 /041

03

第 3 章　组织支持感对离职意愿和工作绩效的元分析研究 ········ 043

3.1 组织支持感对离职意愿和工作绩效的相关文献 /044

3.1.1 组织支持感对离职意愿的相关文献 /044

3.1.2 组织支持感对工作绩效的相关文献 /053

3.2 数据准备 /063

3.2.1 检索和筛选研究文献 /063

3.2.2 数据编码及处理 /064

3.3 整体效应检验 /070

3.3.1 偏倚性检验 /070

3.3.2 主效应检验 /073

3.4 本章小结 /077

04

第 4 章　个人—组织契合调节下组织支持感对离职意愿的影响 ······

·· 079

4.1 模型构建与假设提出 /080

4.1.1 组织支持感和离职意愿的关系 /080

4.1.2 个人—组织契合的调节作用 /082

4.1.3 组织承诺的中介作用 /085

4.1.4 工作倦怠的中介作用 /086

4.2 研究方法 /088

4.2.1 数据收集 /088

4.2.2 测量工具 /089

4.2.3 信度和效度检验 /094

4.2.4 共同方法变异检验 /099

4.3 不同个人—组织契合下组织支持感对离职意愿的影响 /100

4.3.1 高个人—组织契合和低个人—组织契合 /100

4.3.2 高契合下组织支持感对离职意愿的影响 /100

4.3.3 低契合下组织支持感对离职意愿的影响 /102

4.4 组织承诺和工作倦怠的中介作用 /106

4.4.1 高契合下组织承诺和工作倦怠的中介作用 /106

4.4.2 低契合下组织承诺和工作倦怠的中介作用 /113

4.5 假设检验结果 /120

4.6 本章小结 /120

05 第5章 个人—组织契合调节下组织支持感对感知组织可持续发展绩效的影响 …………………………… 122

5.1 模型构建与假设提出 /123

5.1.1 组织支持感和感知组织可持续发展绩效的关系 /123

5.1.2 个人—组织契合的调节作用 /125

5.1.3 工作满意度的中介作用 /126

5.1.4 组织承诺的中介作用 /127

5.2 研究方法 /129

5.2.1 数据收集 /129

5.2.2 测量工具 /131

5.2.3 信度和效度检验 /135

5.2.4 共同方法变异检验 /140

5.3 不同个人—组织契合下组织支持感对感知组织可持续发展绩效的影响 /141

5.3.1 高个人—组织契合和低个人—组织契合 /141

5.3.2 高契合下组织支持感对感知组织可持续发展绩效的影响 /141

5.3.3 低契合下组织支持感对感知组织可持续发展绩效的影响 /143

5.4 组织承诺和工作满意度的中介作用 /146

5.4.1 高契合下组织承诺和工作满意度的中介作用 /146

5.4.2 低契合下组织承诺和工作满意度的中介作用　/151

5.5 假设检验结果　/158

5.6 本章小结　/158

06

第6章　结果讨论与管理启示 ················· 160

6.1 假设检验结果总结　/161

6.2 研究结果讨论　/161

6.2.1 高个人—组织契合下组织支持感对结果变量的主效应　/162

6.2.2 低个人—组织契合下组织支持感对结果变量的主效应　/164

6.2.3 中介效应：组织承诺、工作倦怠、工作满意度　/165

6.3 管理启示　/167

6.3.1 健身行业教练员职业特征　/167

6.3.2 管理实践启示　/168

6.4 本章小结　/171

07

第7章　研究结论与展望 ················· 172

7.1 研究结论　/173

7.2 研究局限及展望　/176

参考文献　/179

第 1 章   绪论

1.1 研究背景

随着全球经济的发展,健身行业在过去十年里经历了一个快速增长的时期。据美国国家商业信息局(National Commercial Information)的数据,截至2012年1月底,美国拥有30 500家健身俱乐部。在中国,健身得到前所未有的重视。习近平总书记在党的十九大报告中指出,实施健康中国战略,要完善国民健康政策,为人民群众提供全方位全周期健康服务。[1]在过去十载,发展中国家的健身行业也得到了蓬勃发展。虽然在普及期结束后,2010—2014年我国健身行业遭遇阶段性瓶颈,增速有所放缓。但2015年健身热情升温,公共健身设施、新型健身俱乐部等不断出现,商业健身行业重启快速增长。2015年我国健身市场规模约300亿元,同比增长14%,健身房数量超过1万家,同比增长约20%。截至2016年8月15日,全国共有国家职业资格持证教练34 560人,同比增长77%。[2]与此同时,健身行业的发展以及人们对健康愈发重视也伴随着新焦点的出现:健身教练的数量与日俱增,以满足人们日益增长的健身服务需求。[3]

然而,健身俱乐部教练的人员流动率相当高。[4]高的人员流动率对组织绩效有负面影响,因为它破坏了组织的运作并削减组织运作的稳定性。健身教练是决定健身俱乐部绩效的关键因素,也是健身俱乐部服务质量好坏的关键保障因素。健身教练的频繁更替不仅不利于客户提高健身兴趣,而且会导致健身俱乐部客户数量的减少,因为有一部分客户是忠诚于健身教练而不是健身俱乐部。因此,健身俱乐部高的教练流动率将限制健身行业的发展,如何降低教练的流动率一直是健身俱乐部面临的一项重要任务。鉴于此,人力资源研究有助于健身俱乐部留住有价值的教练,促进企业可持续发展。

前人的研究表明,组织支持感是影响离职率的一个重要因素。[5]"组织支持感"的概念起源于社会支持。[6]Caplan(1974)提出,人们从其社会支持网络中感知到的社会支持有助于他们保持幸福感并减轻他们自身面临和存在的压力。[6]后来,Eisenberger等人(1986)将社会支持应用于组织行为研究领域,并提出了

"组织支持感"的概念。[5]"组织支持感"也被称为"感知组织支持",指的是"员工如何看待其工作组织重视他们做出的贡献的程度以及是否关心他们的幸福和健康的感受"。[7]如果员工确切地感受到来自其工作组织的支持,他们会产生遵从和维护组织目标并尽力帮助组织获得成功的义务。[8]

首先,目前已有诸多前人的研究表明,组织支持感与员工离职意愿呈显著负相关关系。例如,Guzzo 等人(1994)发现员工的组织支持感越强,其离职意愿越低。[9]Eisenberger 等人(2001)发现组织支持感与感知义务和情感承诺皆呈显著正相关关系,而与员工的离职行为呈显著的负相关关系。[10]此外,Stamper 等人(2003)研究发现组织支持感对角色模糊、角色冲突、工作满意度和留任意愿皆有显著影响。[11]但是,以往的组织支持感研究并没有涉及健身行业。事实上,以往的组织支持感研究涉及多个行业,包括零售业、银行业、健康医疗业、制造业等行业。但是,人的复杂性决定了不同环境中人的行为存在不确定性,组织支持感的作用在不同行业之间存在异质性。因此,研究健身行业中组织支持感和离职意愿与工作绩效之间的关系及作用机制是有必要的。

其次,基于社会交换理论和过犹不及"Too Much of A Good Thing"(TMGT)理论,本书第 4 章提出组织支持感与离职意愿之间的关系受到个人—组织契合度的调节。[12]—[16]针对本书研究对象,本书提出,对于高个人—组织契合的健身教练而言,组织支持感与离职倾向呈负相关关系;对于低个人—组织契合的健身教练而言,组织支持感与离职倾向之间的关系可能是非线性的。低个人—组织契合表示员工和组织之间存在不相容的现象。在这种情况下,健身教练感知的组织支持类似于"水满则溢",对离职意愿的影响呈现倒 U 型效应,即过高的组织支持感甚至会导致更高的离职意愿。

最后,虽然探究员工组织支持感和员工离职意愿之间的关系具有重要意义,但留住员工的同时剖析通过增强员工感知组织支持对员工行为的影响,进而对员工感知的组织整体可持续发展绩效所产生的影响也十分具有意义。此外,如果员工感知到组织的支持,那么可能会提高他们的组织承诺和工作满意度。[16]—[17]因此,组织支持感可以有效地吸引和留住有能力的员工[18],同时通过增强员工的组织支持感来提高组织承诺和工作满意度,进而增强员工感知组织可持续发展绩效非常重要。在这些假设的基础上,本书第 5 章基于个人—组织契合的调节作用基础上,研究员工组织支持感对员工感知组织可持续发展绩效的影响,以及探究工作满意度和组织承诺在二者之间的中介效应。

综上所述,本书从个人—组织契合角度出发,探究健身行业中员工组织支持感对离职意愿和感知组织可持续发展绩效的影响。首先,回顾大量与组织支持感相关的文献并采用元分析方法对部分实证文献进行再次统计分析,其目的是考察组织支持感对离职意愿和工作绩效的元影响作用。元分析结果表明,组织支持感与离职意愿和工作绩效之间分别呈中等程度的负相关关系和中等程度的正相关关系。然后,根据上述背景、文献回顾和元分析结果探究健身行业中员工感知的组织支持对离职意愿的影响及作用机制。研究结果表明,组织支持感对健身行业中员工离职意愿的影响受到个人—组织契合的调节,组织支持感对离职意愿的作用机制受到组织承诺和工作倦怠不同程度的中介效应。具体而言,在高个人—组织契合的情况下,组织支持感与离职意愿呈负向的线性关系。在低个人—组织契合的情况下,组织支持感与离职意愿呈非线性关系。最后,同样根据上述背景、文献回顾和元分析结果检验员工的组织支持感对员工感知组织可持续发展绩效的影响。研究结果表明,组织支持感对员工感知的组织整体可持续发展绩效的影响同样受到个人—组织契合的调节作用。具体而言,在高个人—组织契合条件下,组织支持感和员工感知的组织可持续发展绩效存在正向线性关系。在低个人—组织契合条件下,组织支持感和员工感知的组织可持续发展绩效存在非线性关系。此外,工作满意度和组织承诺在二者之间起到中介作用。

1.2 研究意义

1.2.1 理论意义

通过查阅和整理相关文献,笔者认为组织支持感相关理论已初具雏形。国内外学者有关组织支持感的测量维度、前置变量和结果变量的研究为组织支持感理论框架和分析体系的形成做出卓越贡献,为进一步深化组织支持感的研究奠定了深厚基础。虽然目前具备丰富的组织支持感相关变量研究,但组织支持感与某些变量之间的关系,前人的研究结果并未达成共识,例如组织支持感与离职意愿和工作绩效的关系等,这不利于理论框架和分析体系的形成。再者,依据社会交换理论和过犹不及"Too Much of A Good Thing"(TMGT)理论,笔者对"更多支持总是更好"这一结果的普适性表示质疑。此外,虽然有关组织支持感的研究已在多种情境下进行了实践,例如电子商品销售员、国家机构人员、经纪公司职员、邮递员和高校教练,但并没有查阅到以健身行业为背景的组织支持感相关文献。因此,笔者首先通过元分析方法对前人的相关实证研究进行二次分析,考察组织支持感对离职意愿和工作绩效的元影响作用,验证组织支持感相关变量研究结果的可靠性;接着,从个人—组织契合的角度出发,提出组织支持感并不总是越多越好的理念,并明确员工感知的组织支持对离职意愿和感知组织可持续发展绩效的影响及作用机制。从纵横两方面充实组织支持感理论,拓宽了社会交换理论的研究情景,并将组织支持感应用于具体的健身行业,为健身行业同类组织的人力资源管理者提供了重要的理论支持。

1.2.2 现实意义

随着我国经济的快速发展,人们对生活的品质需求越来越高,对健身活动愈发重视,健身锻炼逐渐成为许多人生活中至关重要的一部分。随着全球经济的发展,健身行业在过去十年里经历了一个快速增长的时期。健身教练的数量与日俱增,以满足日益增长的健身服务需求。但是,健身俱乐部的管理者通常将注意力放在企业销售额和会员所创造的价值上,而往往忽视对健身教练的关注和人员管理。[19]而健身行业教练员属于高情绪劳动者,在健身指导过程中由于消耗情绪资源而容易产生工作倦怠,这也导致了健身俱乐部具有较高的健身教练流动率,不利于健身行业的可持续发展。因此,如何有效降低健身俱乐部较高的健身教练流动率,成为健身行业亟待解决的难题和企业重点关注的焦点。笔者以健身行业为研究背景探究员工组织支持感对离职意愿和感知组织可持续发展绩效的影响及作用机制,对健身行业的发展具有重要的现实意义。

一方面,本书针对组织支持感对离职意愿的影响研究,为健身俱乐部的管理者提供了人力资源管理的理论指导,明确其应该采取措施给予健身教练适当的支持,以降低其离职意愿,同时提高感知组织可持续发展绩效。另一方面,本书对个人—组织契合的研究提出,在不同程度的个人—组织契合下,组织支持对离职意愿和感知组织可持续发展绩效的作用机理不同。健身企业管理者需要关注健身教练与健身企业之间的契合,依据个人—组织契合程度设定组织支持的力度,提倡企业规划和实施员工和俱乐部之间的契合计划以此获取竞争优势。尽管发展员工企业契合计划需要企业投入一定的人力物力,但这与组织财务绩效并不相悖,反而可以通过降低员工缺席率和人员流动来节约人力招聘与培训成本,促进员工积极行为为企业创造更大价值,同时促进企业可持续绩效的发展。

1.3 研究设计

1.3.1 研究方法

（1）文献研究法

文献研究法也称情报研究、资料研究或文献调查,是指对文献资料的检索、搜集、鉴别、整理、分析,形成事实科学认识的方法。通过文献研究,可以获得新论据,找到新视角、发现新问题、提出新观点、形成新认识,也可以从前人的研究中获得启示、少走弯路、减少盲目性,还可以利用前人的权威观点为自己佐证,使研究增强说服力。[20]

笔者通过 Web of Science、EBSCOhost、Science Direct、CNKI 数据库、万方数据知识服务平台和维普期刊中文期刊服务平台等国内外知名数据库,广泛、系统地查阅、整理和分析国内外关于组织支持感（或感知组织支持）的相关文献,明确本书研究的切入点和欲解决的问题。本书文献综述主要涉及组织支持感测量维度、前置变量和结果变量以及评述和展望。此外,夯实的文献研究也为"第 3 章——组织支持感对离职意愿和工作绩效的元分析研究"打下基础。

（2）问卷调查法

问卷调查法，就是把所调查的内容设计成标准统一的问题，通过被调查者回答问卷，来收集研究对象有关数据资料的一种研究方法。[21]本书主要通过问卷调查的方式获取研究所需的分析样本。问卷设计以及量表设计皆参考国内外著名期刊上的成熟量表并经过翻译和回译（translation and back-translation）的方式进行量表翻译。

（3）统计分析法

通过统计分析法可以对数据进行量化分析，其结果能够揭示事物之间的相互关系、变化规律和发展趋势。本书主要采用 SPSS22、Excel2016、Stata15 等统计分析软件对分析样本进行量化分析，主要涉及元分析、信度和效度的检验和多元回归分析等。[22]

元分析（meta-analysis）是对现有实证文献进行再次统计的统计分析方法。元分析通过利用相应的统计学公式对相关文献中的统计指标进行转换并再一次分析，进而根据统计学中的显著性分析两个变量间真实的相关关系。本书第3章则主要通过元分析方法考察组织支持感对离职意愿和工作绩效的影响作用。

多元回归分析是一种验证一个因变量与多个自变量之间关系的分析方法程式，其中自变量既可是连续的，也可是离散的。本书第4章、第5章分别通过多元回归分析考察健身行业员工在不同个人—组织契合下，组织支持感对其离职意愿和感知组织可持续发展绩效的影响及作用机制。

1.3.2 研究内容框架和技术路线

本书的研究内容框架如图 1-1 所示。

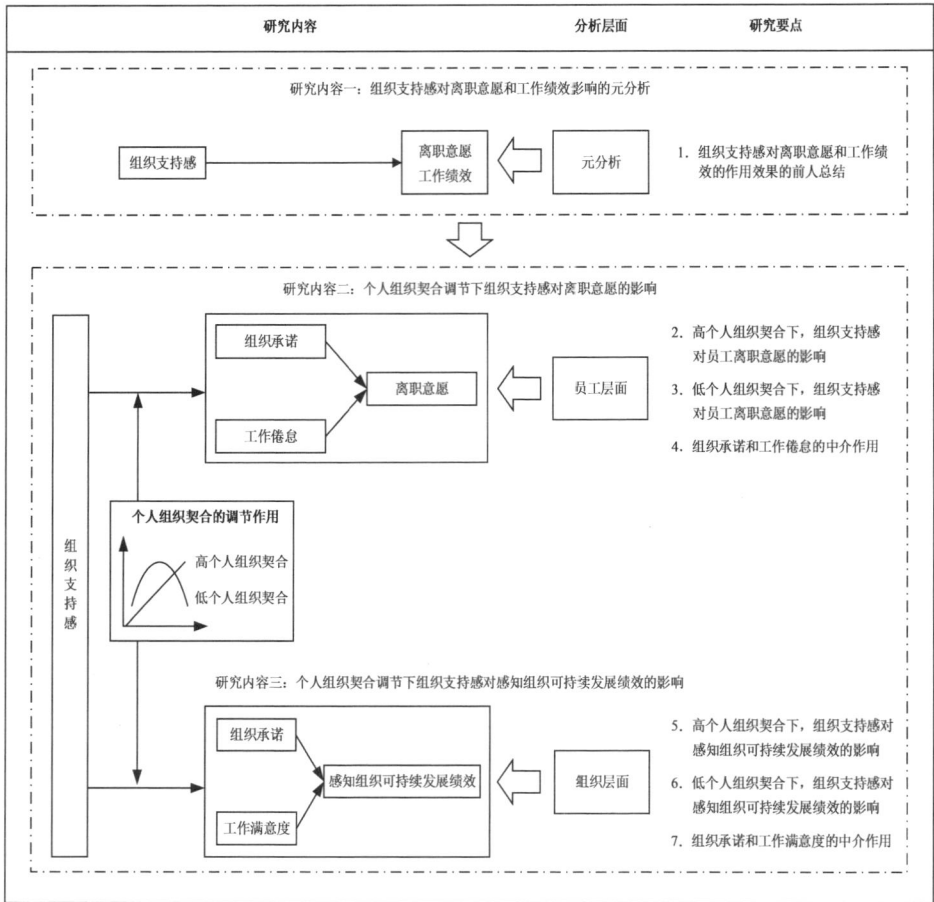

图 1-1　研究内容框架图

本书的技术路线如图 1-2 所示。

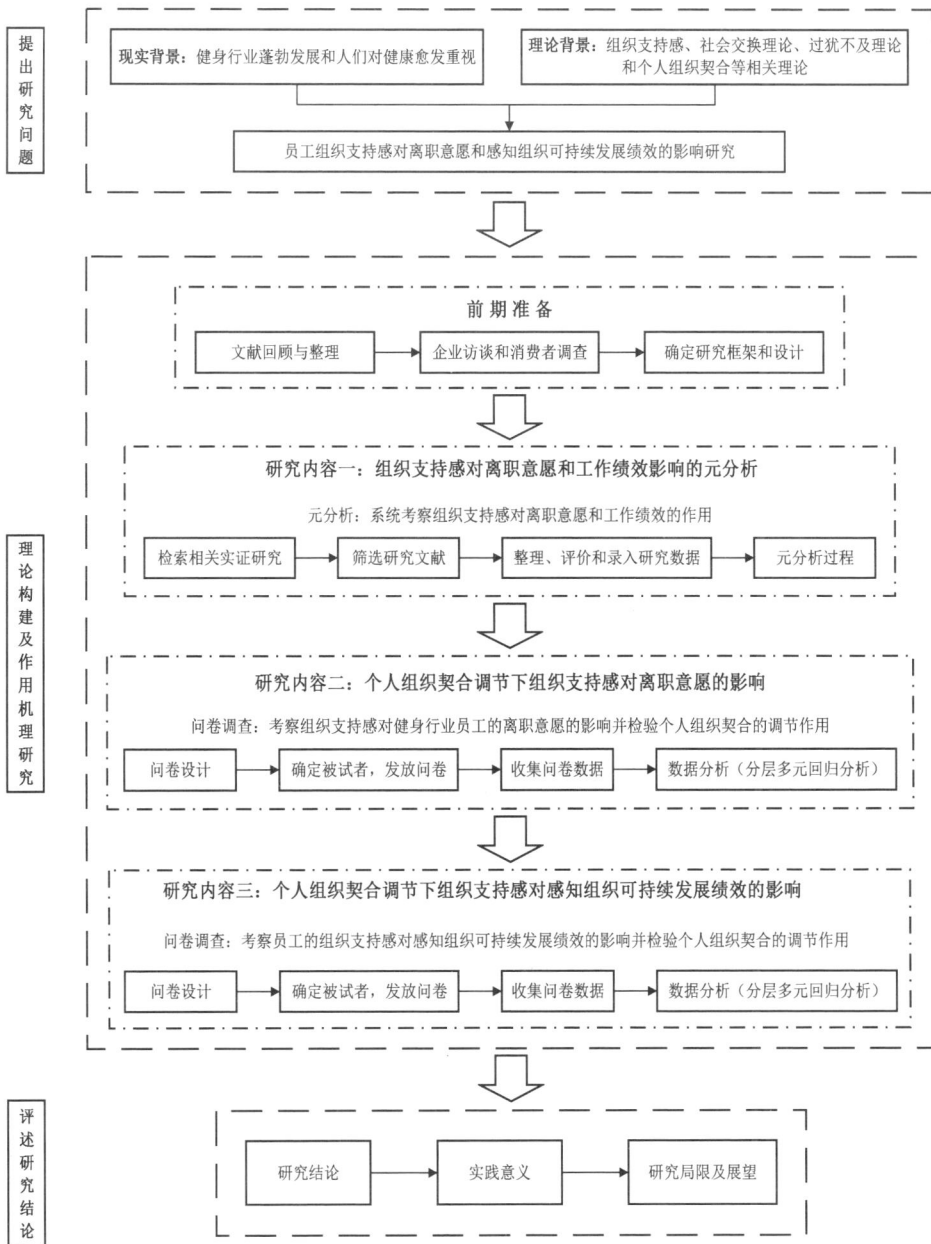

提出研究问题

现实背景：健身行业蓬勃发展和人们对健康愈发重视

理论背景：组织支持感、社会交换理论、过犹不及理论和个人组织契合等相关理论

员工组织支持感对离职意愿和感知组织可持续发展绩效的影响研究

理论构建及作用机理研究

前期准备

文献回顾与整理 → 企业访谈和消费者调查 → 确定研究框架和设计

研究内容一：组织支持感对离职意愿和工作绩效影响的元分析

元分析：系统考察组织支持感对离职意愿和工作绩效的作用

检索相关实证研究 → 筛选研究文献 → 整理、评价和录入研究数据 → 元分析过程

研究内容二：个人组织契合调节下组织支持感对离职意愿的影响

问卷调查：考察组织支持感对健身行业员工的离职意愿的影响并检验个人组织契合的调节作用

问卷设计 → 确定被试者，发放问卷 → 收集问卷数据 → 数据分析（分层多元回归分析）

研究内容三：个人组织契合调节下组织支持感对感知组织可持续发展绩效的影响

问卷调查：考察员工的组织支持感对感知组织可持续发展绩效的影响并检验个人组织契合的调节作用

问卷设计 → 确定被试者，发放问卷 → 收集问卷数据 → 数据分析（分层多元回归分析）

评述研究结论

研究结论 → 实践意义 → 研究局限及展望

图 1-2　技术路线图

1.4 论文创新点

本书的创新点体现在以下几个方面：

第一，本书运用元分析方法整合前人诸多研究对组织支持感与离职意愿和工作绩效相关影响未达成的共识，为系统地探究对组织支持感的作用机制提供一定的基础。

第二，将健身行业纳入组织支持感研究和社会交换理论研究的研究情景中，丰富了组织支持感相关理论，拓宽了社会交换理论。

第三，从个人—组织契合角度出发，对不同程度个人—组织契合下员工感知的组织支持对离职意愿的影响及作用机制进行了较为系统的研究，并明确组织支持感对离职意愿的作用机制受到组织承诺和工作倦怠不同程度的中介效应，员工感知的组织支持对离职意愿的影响受到个人—组织契合的调节作用，特别是以健身行业为背景的实证研究发现当员工个人—组织契合较低时，感知组织支持与离职意愿之间呈非线性关系，丰富了组织支持感相关理论，为相关学者研究组织支持感相关理论提供了新方向。

第四，目前很少有研究讨论过员工的组织支持感对组织绩效的影响，而大部分研究是聚焦在员工的组织支持感对员工绩效的影响。本书基于个人—组织契合的调节作用，对员工的组织支持感对感知组织可持续发展绩效的关系进行了较为系统的研究，进一步充实了组织支持感相关理论，为相关学者研究组织支持感提供新的角度。

1.5 研究内容

本书基于健身行业旨在探究员工组织支持感对离职意愿和企业可持续发展绩效的影响。具体而言，本书包含以下 7 章：

第 1 章绪论。绪论旨在对全书进行概括性描述，提出研究背景，阐述理论意义和现实意义,明确研究方法和技术路线,最后陈述论文创新点和研究内容。

第 2 章相关文献回顾。笔者首先从社会交换理论、过犹不及理论、个人—组织契合理论等进行评述,然后从组织支持感相关文献的出版年份、期刊分布、作者分布、组织支持感测量维度、组织支持感前置变量和组织支持感结果变量等多方面较为全面地对组织支持感相关文献进行回顾,并对其做出简要述评及展望,给未来研究该领域的学者提供三个可深入开展的研究方向。

第 3 章组织支持感对离职意愿和工作绩效的元分析研究。首先回顾和整理组织支持感对离职意愿和组织支持感对工作绩效的相关文献,发现前人诸多研究对组织支持感与离职意愿和工作绩效的相关影响没有达成共识。因此,本章旨在通过元分析方法考察组织支持感对离职意愿和工作绩效的影响作用,主要包括组织支持感对离职意愿和工作绩效的相关文献、研究方法、元分析过程、元分析结果等内容。

第 4 章个人—组织契合的调节下组织支持感对离职意愿的影响。笔者首先根据选题背景、文献回顾构建理论模型并提出假设,然后通过问卷调查法收集分析数据,接着是实证分析和假设检验,最后是假设检验结果。本章旨在探究在不同程度个人—组织契合下,员工感知的组织支持对离职意愿的影响及作用机制,主要包含模型构建与假设提出、数据及变量、根据模型和假设对变量之间关系的实证分析和假设检验结果等内容。

第 5 章个人—组织契合调节下组织支持感对感知组织可持续发展绩效的影响。笔者首先根据选题背景、文献回顾构建理论模型并提出假设,然后通过问卷调查法收集分析数据,接着是实证分析和假设检验,最后是假设检验结果。本章旨在考察不同个人—组织契合下员工的组织支持感对其感知组织可持续发展绩效的影响及作用机制,主要包含模型构建与假设提出,研究方法(数据收集、题项测量、信度和效度的检验),分析及结果和假设检验结果等内容。

第 6 章结果讨论与管理启示。首先对假设检验结果进行总结,然后对研究结果进行探讨与分析,最后对管理实践提出启示建议。

第 7 章研究结论与展望。研究结论与展望主要包括对全文研究结论的总结及本书的局限性和展望。

第 2 章　　　　　　　相关文献回顾

本章主要就本书涉及的理论基础进行阐述，并对组织支持感进行系统综述。本书的主要理论基础包括社会交换理论，个人—组织契合理论和过犹不及理论。

2.1 理论基础：社会交换、个人—组织契合和过犹不及理论

2.1.1 社会交换理论

（1）社会交换理论概述

社会交换理论（Social Exchange Theory，SET）起源于 George C. Homans 的社会学著作 *Social behavior as exchange*。[23] 在 *Social Behavior as Exchange*（1958）[24] 中，Homans 初步解释了社会交换理论并为以后的深入研究奠定了基础，随后出版的 *Social behavior：Its elementary forms*（1974）[25] 对社会交换理论进行了进一步的拓展。他的研究聚焦于基本的行为，个体间直接相互作用的行为构成了群体和组织的基础。此外，Homans 还将基本行为与制度化的行为形式进行了对比，例如遵守规范或角色规定。社会交换理论认为社会交往是建立在资源的相互流动或价值行为的基础上的，其关键假设包括以下内容：第一，行为是由增加收益和避免损失的意图所驱动的；第二，交换关系在相互依赖的结构中发展，即双方都出于某种意图而进行交换，以获得各自认为有价值的资源；第三，随着时间的推移，行为者与特定伙伴进行频繁的交流或交互行为，即彼此间并不是一次简单的交易；第四，有价值的结果服从边际效用递减的经济规律或满足的心理原则。[26] 基于社会交换理论的核心假设，对参与交换行为的人的动作以及不同因素对交换结果的影响进行了各种预测。

（2）社会交换理论的内涵

社会交换理论是一种广泛的用于理解社会互动的概念范式，它涵盖了许多社会学科的内容，例如社会心理学、人类学、管理学和社会学，因此，社会交换理论并不是一个独立于其他学科的理论，[27] 将其视为一个概念模型有助于更好地理解其内容[28]。这一类概念模型旨在预测社会互动和社会关系是如何建立、维

持和结束的。[30]根据社会交换理论,社会生活是指两个或两个以上的个人或机构之间的一系列连续的相互作用,在这种相互作用中,物质和非物质的资源都发生了交换。[24]随着时间的推移,彼此之间形成的相互依赖、存在的互惠交流会导致高质量的关系,其特征是忠诚、信任和相互承诺。

Homans(1958)将社会行为概念化为发生在至少两个人之间的交换活动,这种交换或多或少是能带来收益的或代价高昂的。[24]一方的行为会引起另一方的反应,这会导致两种结果:要么原来的行为得到强化,从而鼓励其重复;要么原来的行为得到惩罚,进而阻止有害行为再次发生。[27]因此,行为主义中的操作性条件作用的原则构成了 Homans 的社会交换理论的基础。相比之下,Blau(1964)的社会交换理论建立在新古典主义经济学理论的基础上,并且适应于人类行为的功利主义观点。在他的微观交换理论中,Blau 认为社会交换是社会生活中的一个基本过程,它考虑的是一个人在交往过程中的成本和收益。[12]然而,根据 Blau(1964)功利主义的观点,社会交换的特征是人的行为自愿性,这种行为受到他们认为未来将会得到的回报所驱使。此外,尽管奖励可能会强化在社会交往中的个体行为,但是 Blau 认为重复的强化过程不足以解释相互作用的个体之间发展的关系,因此,他把重点放在了人际关系中由于参与者之间互惠的利益交换而产生的涌现性。[12]

(3)社会交换理论的指导原则

在上述早期研究的基础上,多年来,学者对社会交换形成了各种不同的观点。但是,这些不同的观点存在一些共同的特点和指导原则(详见 Cropanzano 和 Mitchell,2005):第一,交易原则;第二,交换的资源;第三,人际关系。

首先,交易原则是交换过程的指南,并对相关方的行为起指引作用。迄今为止,前人研究揭示了众多与社会互动和交换关系密切相关的原则,但是大多数前人研究更多强调和侧重于互惠原则(互惠规范)。[23]Gouldner(1960)把互惠定义为:"构筑给予帮助和回报义务的道德规范。"[31]互惠原则是指各方在交换过程中一系列被大家所认可的准则,即一方为另一方提供帮助或给予其某种资源时,后者有义务回报给予过其帮助的人。[32]目前最受关注的互惠原则是积极的互惠原则,但是消极的互惠原则也会影响人们在交换过程中的行为。[30]例如,经历伤害的一方可能会得到回报。此外,工作场所不文明行为被发现有助于促进人际的差异行为,特别是那些在敌对归因偏差和消极互惠信念方面都很高的个体。[33]一些学者认为互惠是人们在社会化的过程中习得的一种行为倾向,而另一些学者则认为互惠是由人类进化过程驱动和认知适应所促进的。[34]虽然互惠原则会随着个人和文化的不同而发生一定改变,但是通常而言,互惠原则似乎是一个普遍被认同的原则。根据个人对互惠原则的认同程度,可以反映他们交换意愿的程度。例如,在一项对征召入伍的纵向研究中,Pazy 和 Ganzach(2010)发现,入伍前的感知组织支持对最初和长期的承诺行为有积极影响,特别是交换意愿更为强烈的应征士兵,这种积极影响更大。[35]虽然大多数研究强调互惠交换不需要显性的讨价还价的过程,但在互惠交换中也存在某些形式的谈判协议。[30]通过谈判达成的交易往往具备明确的交换条件,它们往往是经济交易的一部分,因此不太可能促成更密切的关系,相反,它们可能意味着法律或合同所具备的法律效力,当然,也可能不具备法律效力,即协议不具备制裁能力和约束力。

其次,交换的资源是指在交换过程中资源的类型和其具备的潜在利益。这些资源通常被分为经济资源和社会情感资源。[29]经济资源通常是有形的,例如金钱和货物,它可以满足个人的经济需要。相反,社会情感资源通常是无形的,例如忠诚和爱,它具有抽象性的价值。获得社会情感资源的这一过程向受益人传达了这样的信息:他/她受到重视和尊重。

最后,社会交换理论中最后的一个共同特征是社会交换关系,特别是关注社会交换关系的发展。人际关系在管理和组织学科中的工作场所关系研究中尤其重要。根据 Blau(1964)的研究,个人与他人通常进行经济交换或社会交换。[12]经济交换关系通常明确规定了短期财务或物质利益或二者兼备的收益,而社会交换关系则是具备不确定的社会情感义务这一特点。因此,在社会交换关系中需要承担更大的风险,因为表现出好意的一方不一定会得到回报,因此在交易的开始双方就需要具备一定程度的信任。随着时间的推移,互惠互利的交换促进了以忠诚、信任和承诺为特征的积极及持久的关系,而经济交换关系则不会存在这种效应。例如,感知到组织支持的员工,他们会以更积极的工作态度(例如,员工承诺)和更高的角色外绩效回报雇主。

(4)社会交换理论与组织支持感的关系

社会交换理论(SET)是被用于理解工作场所行为的最具影响力的理论概念之一。[29]社会交换理论至少可以被追溯到20世纪20年代,其涉及了人类学、社会心理学和社会学等各种学科。虽然出现了不同的社会交换观点,但学者们一致认为,社会交换涉及一系列产生义务的相互作用。社会交换理论假设,当一个人为另一个人提供帮助时,尽管没有具体规定什么时候和以何种方式进行回报,但受到帮助的一方有义务对给予帮助的一方作出回报。[12]在工作环境中,员工及其所属的工作组织是社会交换理论中的交易双方,员工有义务对组织提供的待遇和福利作出回报。当员工从公司那里获得宝贵的资源和就业机会时,这很可能会诱发他们的个人责任感,进而会以积极的工作态度和行为回应组织给予的待遇和福利。[36]相反,还存在另一种员工对组织的回报方式。当员工被组织忽视和受到不公对待时,这会减少他们工作的努力程度和降低他们对组织的承诺,进而降低员工的工作绩效,最终甚至会导致辞职的结果。[37]

组织支持感(Perceived Organizational Support,POS)是指员工对组织如何看待他们的贡献并关心他们的利益的一种总体知觉和信念,即他们的组织重视和维持其组织成员的身份的程度,以及组织对员工的忠诚和关心他们的幸福的程度。[5]从员工的视角出发,组织支持感反映了组织对员工的尊重和关爱以及对员工贡献的认可。[7]此外,这也意味着组织已经准备好对更加努力工作的员工进行奖励,并可以为他们有效地履行职责提供帮助。[38]社会交换理论认为,由于互惠原则的约束,从组织中获得实质性支持的员工倾向于通过表现出积极的工作态度和行为来偿还组织提供的支持和报酬。[7][8]为了维持组织和员工之间良好的信任关系,组织和员工之间无障碍地沟通非常重要。社会交换理论提出,组织和员工之间建立了交换关系[12],这种交换关系的建立有利于组织和员工之间关系的发展和维持。社会交换理论认为,组织和员工之间的关系是基于经济和社会交流,组织支持感与角色行为有密切关联。如果组织公平对待员工,那么员工会以相同类型的行为回报。具体而言,组织支持感代表了员工对组织关心他/她的福祉的担忧。当员工感受到组织支持时,他们就会回报他们的组织。[5]在回报过程中,随着这种互惠关系的持续,员工在雇佣关系中形成了一种心理契约。其中组织支持感是这种契约中关键的组成部分。这种心理契约是员工确定公司公正对待自己和给予公平待遇的基础,它不仅与组织公平的认知密切相关,也与程序公平密切相关,这两种公平都有助于促进组织和员工之间的社会交换关系。同时,这种心理契约使得员工在情感上与组织建立起联系,并越来越致力于帮助组织实现其目标。也就是说,组织支持感增加了员工对组织的情感依恋和利社会行为。

在工作环境中,组织支持是员工受到的核心社会支持之一。[39][40]基于社会交换理论的视角[12],研究人员通常将组织支持感概念化为员工与其所在组织之间存在的社会交换的质量[29]。当员工感知到组织支持时,他们会抱有一种信念,即组织已准备好为他们额外的工作提供额外的报酬并且在其需要时提供帮助,此外,认可他们作出的贡献,满足他们的社会情感需要并为他们的福祉做出考虑[7],因此,由于互惠原则,他们将有责任关心组织的发展并帮助组织实现其目标。[41]

Saks(2006)[42]基于社会交换理论对相互依赖的个体之间的相互作用进行了进一步深入研究。该研究针对不同组织共 102 名员工的工作和组织的敬业度以及敬业度的前因变量和结果变量进行了测度。Saks 发现,组织支持感与工作和组织的敬业度呈正相关关系,工作和组织的敬业度在一定程度上可以调节前因变量(如感知的组织或主管支持)和结果变量(如组织协同和辞职意愿)之间的关系。此外,Saks 还认为组织想提高员工的敬业度就应该关注员工感知的组织支持。

Loi 等(2014)[41]根据社会交换理论旨在探讨组织支持感和同事支持对外籍员工的进谏行为和心理压力的影响,并认为组织支持感和同事支持对外籍员工的促进性进谏和抑制性进谏有不同的影响。基于澳门 4 间酒店共 141 名外籍员工 2 次不同时间的纵向数据,Loi 等人研究发现,虽然组织支持感和同事支持对外籍员工的促进性进谏行为皆有积极影响,但是组织支持感产生的正向影响更大。此外,仅有组织支持感与抑制进谏行为呈正相关关系,而同事支持可以有效地降低外籍员工的心理压力,但组织支持感的效果并不明显。

基于社会交换理论和性别视角，Ngo 等（2014）[37] 对 591 名中国员工进行层次回归分析，其目的是探讨工作环境的认知如何影响中国员工的工作和职业满意度。研究结果表明，组织支持感和程序公平对员工的工作和职业满意度有积极影响，而组织支持感和工作满意度之间的关系和对女性的性别偏见和职业满意度之间的关系皆受到性别的调节。

综上所述，社会交换理论已经成为社会科学领域中理解社会互动和社会关系的最突出的理论视角之一，它已经成为心理契约、组织公正、组织支持、领导—成员交换、社会网络等理论的重要组成部分。此外，社会交换理论与组织支持感密切相关，因为组织支持感相关理论的基础之一就是社会交换理论。社会交换理论中的互惠原则用于解释员工和组织的行为已经得到众多研究的印证，学术界已认可根据社会交换理论研究组织支持感与员工和组织行为之间的关系的合理性。因此，本书选取社会交换理论作为解释组织支持感对员工离职意愿和感知组织可持续发展绩效的影响关系的理论基础之一。

2.1.2 个人—组织契合理论

（1）个人—组织契合理论概述

尽管有关个人—组织契合的研究由来已久，但其在 20 世纪 80 年代才开始受到学者们的关注并且受关注的程度与日俱增。[43] 因为个人—组织契合与雇佣关系的每个阶段息息相关，因此，在组织行为学中，个人—组织契合理论被认为是很重要的理论。[44] Chatman（1989）在 *Academy of Management Review* 上首先提出了有关个人—组织契合的相关概念：个人和组织可以相互影响彼此的行为，尽管有许多因素可以影响组织和个人的行为，如能力、工作要求、个性、职业，但最基础和具有持续性的影响因素是价值观，因此，个人与组织契合被定义为个人与组织在价值观上的一致性。[45][46] 在回归和总结前人研究的基础上，Kristof（1996）对个人—组织契合提出了一个较为综合的定义，认为个人—组织契合是指当个体与组织中至少一方能满足另一方的需要，或双方有相似的基本特征，或以上两个条件兼备时所产生的个人与组织之间的兼容。[47][48] 个人—组织契合的定义里面包含两个重要的概念：一致性契合和互补性契合。一致性契合是指个人特征和组织特征的相似性,而互补性契合则是指个人特征和组织特征之间存在的互补关系,个人特征可能会使环境变得完整或者增加环境所缺失的特征。[47]

（2）个人—组织契合理论内涵

个人—组织契合的概念基于以下几个理论框架,包括 Schneider(1987)的吸引—选择—摩擦模型（ASA）[49],Holland(1966)的职业选择理论[50]与 Dawis 和 Lofquist(1984)的工作调整理论[51]。尽管这些理论各具特色,但都提出了一个基本前提,即个人和组织特征之间的相互作用将影响工作选择、承诺、满意度和个人幸福等因素。Schneider(1987)提出的"吸引—选择—摩擦"（Attraction-Selection-Attrition,ASA）理论框架是个人—组织契合理论中的一个重要的理论框架。ASA 理论框架的基本假设是个人将加入组织并继续留在组织中,函数表示他们的价值观、兴趣和个性以及组织的相应属性之间感知到的一致性。[49]Schneider 假设个人会被具有与自己相似特征的组织所吸引。同时,组织努力选择与组织中的其他人具有相似属性的个人,他们的价值观和目标与组织一致。自然减员过程有助于进一步建立一种同质的环境,因为非常适合组织的个人会选择留下来,而不太适合的人会选择离开。[49]有趣的是,Schneider 并不建议组织应该追求同质化,因为这会减少组织整体的创造力和创新,减缓组织对变化做出反应的能力。因此,尽管 ASA 循环被认为是组织内部一个自然的且可能不可避免的过程,但其产生的同质劳动力实际上可能会损害组织。[49]

Holland(1966)关于职业选择的研究也为个人—组织契合理论提供了理论基础。[50]Holland 认为职业选择是"人格的一种表达"。[50]因此,个人会被与其自我概念相符的职业所吸引,并会追求或谋求这些职业。Holland 进一步建议,在职业取向的过程或职业环境中经历不协调的个人将会被激励去改变职业以寻求一个更合适的工作环境。[50]与此理论类似,Dawis 和 Lofquist(1984)的工作调整理论认为工作适应的结果是通过人与其工作环境之间的契合度函数来描述人与工作契合的关系。[51]根据该理论,契合是个体为适应相应的工作环境而进行调整的过程。虽然 Holland 的理论和 Dawis 和 Lofquist(1984)的工作调整理论都没有专门发展来解释员工和组织之间的一致性,但是它们已经被恰当地应用到组织环境的研究中。[52]因此,有助于支持和解释关于个人—组织契合的过程。

(3)个人—组织契合的测量方法

衡量个人—组织契合通常有两种不同的方式。第一种方式是通过一系列有关个人和组织价值观的题项测度出实际的契合值,然后计算出价值一致性的得分。[43]例如,在人员选拔过程中,组织可能会要求求职者填写一份有关个人价值观的问卷以评估其价值观,然后将求职者的价值观概况与组织的价值观概况进行比较和计算就可以获得该员工和该组织的契合度。对于这种方法而言,组织可以挑选一些对于自身十分重要的价值观作为对照。测度个人—组织契合的第二种方法是一种偏向于主观的方式,即测度"员工感知的个人—组织契合"或"员工感知的个人—组织价值观的一致性"。[43]例如,直接询问员工认为自身与组织的契合程度。第二种方法不关注个人和组织特定的价值观,而是员工自己评估他们觉得自己在多大程度上符合组织的价值观。第二种方式的个人—组织契合评估是出于员工的主观感受,是在其头脑中进行而不是通过严格的客观运算获得。两种测度方式虽然存在差异,但是两种方式度量的个人—组织契合都被证实可以有效地预测员工的态度和行为等结果变量,尽管第二种方式,即通过员工感知的个人—组织契合度量个人—组织契合,被发现与员工的态度和行为等结果变量存在更强的相关性,但这并不影响结果的方向性。[43]

(4)个人—组织契合理论的研究进展

个人—组织契合表示员工和组织之间的一致性相关联,而不是明确的个人与组织的关系。具体而言,个人—组织契合在一个或多个相称的维度上解决了个人和组织的兼容性、匹配性、相似性或对应性。[43]契合文献中大部分研究用个人和组织属性之间的相似性或一致性来定义契合。然而,也有学者提出,个人—组织契合可能不是由于相似或一致,而是由于个人和组织特征之间的互补关系。[53]换句话说,个人可以通过拥有、增加或补充组织特征的独特特征来融入组织。当从需求/供应的角度描述契合性时,需求满足理论可能更为合适,也就是说,契合性是由提供个人需求或希望的组织实现的,从这个角度看,契合被称为"互补性契合"。[53]Edwards 和 Shipp(2007)指出,当一个人的工作条件满足他/她的显著需求时,互补性的个人—组织契合就会更高。[54]虽然两种契合的概念在文献中都有论述,但个人—组织契合仍被广泛认为是个人和组织属性相似性或一致性的产物,而契合可能来自个人和组织的互补(补充契合)的可能性在很大程度上尚未得到更深入的研究探讨。

在个人—组织契合理论中,最常被关注的是一致性契合,其重点是个人特征和组织特征的相似性。[43]选择目标、价值观和个性与组织的目标、价值观和个性相匹配的员工(称为个人—组织契合)通常被认为是保持生产力和忠诚的劳动力的关键因素。[43]具有较高个人—组织契合水平的人:(a)具有较高的组织承诺水平[54]、工作满意度(Cable 和 Judge,1996[56];Lovelace 和 Rosen,1996[57];Saks 和 Ashforth,1997[58])和工作表现(Bretz 和 Judge,1994[52]);(b)改善了个人健康和适应(Moos,1987[59]);(c)表明离开组织的意愿更少(Chatman,1991[60];Vancouver 和 Schmitt,1991[61])。虽然多个特征都可以确定个人与组织之间的一致性契合,例如价值观、需求、目标或个性,但在实证研究中最常用于测度个人—组织契合的特征是个人与组织价值观之间的一致性。[43]站在个人的角度,个人价值观是指能够指导人们行为模式(做什么和不去做什么)的持续的信仰,是人们调整自我适应环境的一种认知;站在组织的角度,组织价值观是指组织应当做什么以及组织中的员工应当如何做的价值判断。[46]价值观与组织文化的重要组成部分相关联,影响个人—组织契合水平。[62]当个人和组织的价值观彼此一致时,会导致员工更积极的工作行为和获得更佳的组织成果,这都是个人组织价值观契合的产物。[62]因此,价值观的契合对于基于个人—组织契合和组织支持感的工作结果至关重要。Posner(2010)提出,个人的核心是价值体系,这个价值体系指导他们如何做出某些选择、信任谁、回应他们的呼吁,以及他们的时间和精力投入。[62]从组织的角度来看,价值观在工作文化中实现的方式是遵循企业目标并愿意为此奠定基础,以及如何在组织的每个层次上默默地做出日常决策。[62]每个组织都有一个既定的价值体系,它规定了员工在工作场所应该做出何种行为或决策,当员工能够在这样一个支持他或她个人价值观的环境中发挥作用时,就存在价值一致性。[63]当个人的价值观和组织的价值观相符时,员工之间可以在正式或非正式场合公开交流个人看法或组织观念等内容。[64]有研究表明,同事之间交流的增加导致会减少彼此沟通过程中的误解,并且表明价值观一致的人通常会利用类似的认知处理或解释语言和非语言信号。[64]角色混淆程度的降低也被发现与沟通有关,具有共同价值观的员工通过分配有利于组织目标、政策和程序的优先级,能够更有效地处理角色混乱。[64]根据对价值一致性的广泛研究,人们认为,在人际关系和社会相似性之间构成了信任,这会促进更高的诚信信念。[64]

此外,国外学者还认为,企业如若想获取、保持和增加相对稳定的人力资源,起决定性的因素之一是"个人—组织契合",即员工个体与组织之间的契合程度。基于对国内外相关文献的检索结果可知,有关个人—组织契合对员工个体行为的结果变量的研究较多,如工作绩效、离职意愿等。而探究个人—组织契合对组织绩效的影响研究甚少,目前已有研究主要聚焦于个人—组织契合对关系绩效、任务绩效和周边绩效的影响,而关系绩效、任务绩效和周边绩效通常都是衡量工作绩效的维度,因此国内外确实少有研究探究个人—组织契合对组织绩效的影响,特别是组织可持续绩效。Kristof-Brown 等人(2005)的研究表明,个人—组织契合会影响员工的各种态度与行为,如工具性组织支持感、员工对组织的承诺、员工感知组织可持续发展绩效等。在过去的二三十年中,"个人—组织契合"在有关员工绩效和员工离职意愿等方面的研究中积累了大量的研究成果。[43]"个人—组织契合"理论强调员工价值观与员工需求、组织供给、组织文化、组织要求相匹配。国内也曾有学者探究个人—组织契合与组织绩效之间的关系,例如赵红梅(2009)依据调查数据并运用结构方程模型对个人—组织契合与关系绩效等各维度的关系进行了实证研究,实证结果表明个人—组织契合程度越高的员工,其关系绩效也越高,即个人—组织契合对关系绩效产生积极的影响。[65]朱青松等人(2009)的实证研究表明个人—组织契合与组织绩效具有相关关系。[66]

综上所述,个人组织价值观理论已受到组织行为学者广泛关注,其测量方法也已在实践中得到应用。已有研究结果显示,当个人价值观与组织价值一致性越高时,个人—组织契合程度越高,从而产生了团队合作、创造力、创新和积极的工作氛围。[60]在这种工作氛围下工作的员工会感到更加幸福,并更有可能产生积极的工作行为,进而促进提升组织绩效。

2.1.3 过犹不及理论

（1）过犹不及理论概况

过犹不及理论来源于中西方哲学思想中的"适度原则"。[67]《论语·先进篇》提到"子曰：'过犹不及'"，即过多和不及都不好。亚里士多德也主张"中道"，指出行中道需要相应的理性精神，而过与不及都不合于理性。[68] 由此可见，无论是中国思想还是国外理念都体现了过犹不及思想。

（2）过犹不及理论的研究进展

在以往有关管理学的研究，特别是有关组织的研究中，学者往往为了最大化需要的产出，理论上都会认为其前因水平"越高越好"。[69] 研究者会在这个潜在假设的促使下提出和检验结果变量和前变量之间呈线性关系的命题，以此最大化个体、团队和组织绩效。再者，前因水平"越高越好"的基本假设又会受到命题验证的影响而被进一步增强，并且最终导致学者认为线性关系最恰当地描述和拟合了潜变之间的关系，但是在现实研究中，往往并非如此简单，甚至相差甚远，学者只是被潜意识的假设所束缚。Pierce 和 Aguinis（2013）指出，在学术创新和探讨的过程中，学者都追求理论的精确、简化和适用，这容易导致其建立的假设往往是线性的。[13,70]

针对管理领域中出现越来越多矛盾、与理论相悖以及反常的实证研究结论[71]，Pierce 和 Aguinis（2013）将过犹不及（Too Much of A Good Thing，TMGT）这一概念引入组织背景下，并认为过犹不及理论存在的效应是在组织情境中，被视为对组织有益的行为，当过多出现、发生或执行时，可能不会给组织带来益处，甚至会对组织产生损害。[13][70] 他们认为，当那些通常被视为会产生积极影响的前因变量达到拐点时，过犹不及效应就会产生，而此时，随着前因变量的提升，其与结果变量之间不再是线性正相关关系。[72] 随后，Pierce 和 Aguinis 又进一步指出，在管理领域中积极的前因变量一旦超过拐点，将会出现浪费（没有额外的好处）或是带来负面影响（如个人或组织绩效下降），开始前因变量与结果变量呈现的单调递增的关系在达到特定情境拐点（Context-specific inflection points）之后，会逐渐逼近渐近线，甚至出现单调递减，可能导致总体呈现倒 U 型的非线性关系。[69][71]换言之,Pierce 和 Aguinis 更多的是提醒学者,除了探究因变量对结果变量的积极影响之外,还需要考虑当前因变量达到较高水平时可能存在的不显著的情况或者产生消极的影响。[13]

我国学者邢璐等人(2018)通过分析 2013—2017 年组织行为学领域中的 44 篇文献,对过犹不及效应及其作用机制进行梳理和归纳,主要获得以下结论。首先,邢璐等人(2018)将过犹不及研究主题归纳为四个大类:相对稳定的个体特征(例如个人的人格特质、能力、客观人口统计学变量)、积极的工作感受与体验(个体在工作中的情感体验,对工作的认知以及在工作情境中的意识状态)、工作情景和任务特征(例如压力及可能引发压力的各类工作特征)和群体构成特征(例如团队多元化、团队断裂带、团队规模以及领导—成员交换差异化)。[68]其次,他们将过犹不及的产生原因总结为"收益与损失的叠加效应"与"动机与能力(或机会)的交互效应",并在此基础上提出基于"单一机制变化"和"机制联动变化"两类调节变量作用机制。[68]收益与损失的叠加效应(additive benefit and cost)反映的是在过犹不及效应中,由于自变量变化而有益因变量增加的机制(收益)与由于自变量变化但导致因变量减少的另一条机制(损失)之间出现的动态抗衡,即边际收益与边际损失之间的对抗,进而出现自变量起初对因变量有积极作用但是随着其增加而产生负效应的结果。动机与能力(或机会)的交互效应(interactive motivation and ability/opportunity),这一解释更多的是关注自变量作用过程中两种潜在关系的乘积作用。之所以发生过犹不及,是因为随着前因变量水平的增加,两类因素的变化方向相反,构成一种增减交互效应。Burnett 等人(2015)的研究表明组织支持感(主要源于主管)与员工主动积极的行为之间的关系存在过犹不及效应。[74]邢璐等人(2018)对过犹不及理论的梳理和归纳也表示员工行为会受前因变量的影响程度的不同而出现过犹不及效应[68],例如积极情绪和主动性行为[75]、个体的活力水平和绩效[76]、挑战性压力源与建言行为[77]。Godard(2001)基于 508 名员工的调查表明,高绩效工作系统在初期可以提高员工的工作满意度、工作承诺,但是随着高绩效工作系统实施得越来越多,这种积极的影响会减弱,甚至产生消极的影响。[78]

综上所述,过犹不及理论中的"适度原则"对以往的学者关于变量间的线性关系研究提出了挑战。已有研究结果表明变量之间存在非线性关系(Godard，2001[78]；Burnett 等人，2015[74]；邢璐等人，2018[68])。过犹不及理论思想与本书思想基本一致，特别是当个人—组织契合度较低时，员工与组织具有相悖的价值观，这会导致员工与组织之间不相容(Ng 和 Sarris，2009[73]；Westerman 和 Cyr，2004[15])。本书将以过犹不及为理论基础之一，考察个人—组织契合较低的情况下，组织支持感对员工离职意愿和感知组织可持续发展绩效的倒 U 曲线关系。

2.2 组织支持感相关理论述评

"社会支持"这一理念由社会心理学家 Caplan 于 1974 年正式提出。Caplan (1974)描述了各类非正式或非专业的"支持系统"，这些系统通过满足人们对爱、对情感、对亲密关系、对认可、对教育和对依赖的需求或帮助人们保持幸福感，并借此改善人们的社会心理健康。[6]"组织支持"作为"社会支持"的一部分，其相关理论最初出现于社会学及心理学有密切关联的领域，之后，从社会学及心理学相关领域延伸到管理学相关领域，并逐渐引起管理学相关领域学者们的关注并成了课题研究的关注点。本章主要梳理了组织支持感在管理学领域的相关应用，包括组织支持感的测量方式及维度、前置变量、结果变量，并对组织支持感的前置变量和结果变量进行了进一步的分类整理，此外，还对组织支持感的未来研究方向提出了展望。

2.2.1 研究步骤及方法

文献研究的外文通过外文数据库 Web of Science 检索关键词"Perceived Organizational"或"Perceived Organizational Support"并限定商业或管理两个研究领域获得。然后，按照文献被引量排序，选取被引 30 次及以上的与组织支持感直接相关的文献共 117 篇。文献研究的中文文献源自万方、维普、知网三大中文数据库，通过检索关键词"组织支持"或"感知组织支持"并将检索领域规定在"经济、管理领域"获得。为了使中文文献获得更加全面的检索结果，选取文献内容描述与"组织支持感"或"感知组织支持"相关的文献,然后,对其被引量进行排序,同样选取被引30次及以上的文献并将三个数据库获得的文献进行汇总,删除重复文献,最后获取97篇中文文献。最后,对这97篇文献逐一进行人工审查,剔除不符的无效文献21篇,最终文献研究的中文文献为76篇。

(1) 出版年份分布

文献研究的中英文文献出版年份分布如图2-1所示。其结果表明,自1986年以来,"组织支持感"这一概念逐渐被国外学者关注,研究成果稳步增加,在2006年至2010年期间迎来几个峰值,具体而言,2010年与"组织支持感"直接相关且被引30次以上的英文文献达到14篇。但近五年来,外国对"组织支持感"的研究发现有较大的下降幅度。国内对于"组织支持感"的研究起步比较晚,从2002年以来,国内才出现对"组织支持感"关注的文献,然后,从2005年起不断增加,在2006年、2008年和2010年达到三个峰值,分别有11篇、11篇和12篇中文文献,但同样的,近五年来有所下降。整体而言,国内外对"组织支持感"的研究在2005年以后比较同步,研究关注度差异不大。

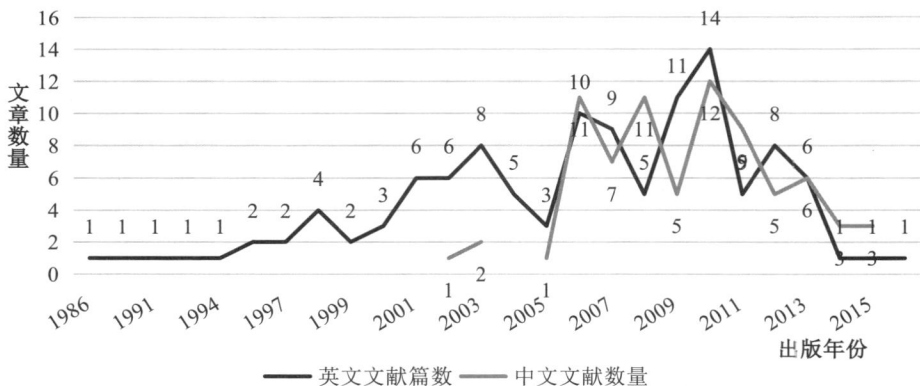

图 2-1 文献出版年份分布折线图

(2) 期刊分布

中英文期刊的分布情况,详情参考本书的附录1。据期刊分布的统计结果可知,国外关于"组织支持感"的文献主要发布在管理学或组织行为学领域的学术期刊上,其中 *Journal of Applied Psychology* 涵盖的相关文献最多,共计27

篇。此外,在 *Journal of Organizational Behavior*、*Academy of Management Journal* 和 *Journal of Management* 也收录了 10 篇以上有关文献。国内有关"组织支持感"的文献主要被《管理评论》《浙江大学学报》《科学学与科学技术管理》《南开管理评论》等学术期刊收录,其中《管理评论》和《浙江大学学报》涵盖的相关文献最多,分别各含 5 篇文献。此外,国内名校的学报也收录了部分与"组织支持感"相关的文献。由于"组织支持感"源于"社会支持"理论,因此也涉及部分心理学及社会学的期刊。

(3)作者分布

文献的作者分布情况,详情参考本书的附录 2。据文献作者分布的统计结果可知,在国外关于"组织支持感"文献的最大贡献者为 Eisenberger,共发表了 14 篇相关文献,作为"组织支持"理论的提出者,其近年来对该理论贡献最大合情合理。其次,贡献较大的国外学者有 Shore、Wayne、Armeli 和 Liden,分别发表了 7 篇、6 篇、5 篇和 5 篇文献,这几位国外学者都是"组织支持感"研究领域较有经验和提供较多成果的学者。其余国外学者发表的文献被引量达到 30 次以上的数量皆少于 5 篇,因此其权威性和说服力还有待审查。而在国内由于对"组织支持感"的研究起步较晚,在近年对该领域贡献有限。具有一定说服力的文献发表最多的作者是陈志霞(4 篇)和孙健敏(4 篇),其次是凌文辁(3 篇)、刘军(3 篇)、苗仁涛(3 篇),其中凌文辁开发的测量"组织支持感"的量表在国内被多次采用,其在"组织支持感"研究领域是国内具代表性的学者。

2.2.2 组织支持感测量维度研究

"组织支持感"这一概念最先是由 Eisenberger 等人(1986)提出,其内涵是员工所感受到的来自组织的支持,是员工对组织如何看待他们的贡献并关心他们的利益的一种总体知觉和信念。[5]大部分国外学者认为"组织支持感"是一个单维度变量,但也有部分国外学者将"组织支持感"认定为多维度变量。而国内大部分学者认为"组织支持感"是多维度变量,采用"组织支持感"的多维度测量量表,仅有少数学者采用"组织支持感"的单维度测量量表。

（1）单维度

表 2-1　组织支持感的维度

维度	主要代表人物
单维度	Eisenberger 等人（1986）[5]、Zhou 和 George（2001）[79]、Settoon 等人（1996）[80]、Scott 和 Bruce（1994）[81]
多维度	Wayne 等人（1997）：公司对个人的关注、关心、自豪、考虑[82]
	Scott 和 Bruce（1994）：创造性、容忍差异[81]
	Kraimer 等人（2004）：职业、财务、调整[83]
	陈志霞等人（2006；2008；2010）、李晓艳等人（2012）：情感性支持、工具性支持[84][85][86][87]
	凌文辁等人（2006）：工作支持、员工价值认同、关心利益[88]
	顾远东等人（2014）、纪晓丽等人（2008）：组织支持（狭义）、主管（上级）支持感、同事支持感[89][90]
	刘枭（2011）、宝贡敏等人（2011）：感知组织制度支持（保障）、感知主管任务导向型支持、感知主管关系导向型支持、感知同事工作支持、感知同事生活支持[91][92]

除了采用 Eisenberger 等人（1986）编制开发的测量"组织支持感"的量表外，学者们还会采用 Zhou 和 George（2001）、Settoon 等人（1996）、Scott 和 Bruce（1994）编制开发的测量"组织支持感"的量表。[5][79][80][81] Zhou 和 George（2001）编制开发的量表是专门用于测量对创造力的感知组织支持，并且该量表改编自 Scott 和 Bruce（1994）的量表，其中一个题组为"（公司）鼓励创新"。[23] Settoon 等人（1996）编制开发的量表是专门用于测量医生对有益组织对待的认知，两个例子是："健康公司关心我的意见""如果我需要特别的帮助，健康公司愿意帮助我"。[80] Watt 等人（2010）根据组织有效性清单（OEI）的项目来测量组织支持感，OEI 是为寻求提高组织效率的基于数据的变更计划而设计的，得分越高说明组织支持感越强。[93] 此外，李宗波等人（2013）使用了国内学者改进、修订的适合中国的组织支持感量表。[94] 相比之下 Eisenberger 等人（1986）编制开发的测量"组织支持感"的单维度量表被更多人采用，更具有普适性。[5]

（2）多维度

此外，国内外有部分学者认为"组织支持感"是一个多维度变量。例如，Yuan 等人（2010）经过实验发现双因素模型拟合数据显著优于单因素模型。[95]

Kraimer 等人（2004）专门针对"组织支持感"制定了一个具有 12 题项量表，量表整体包含财务、职业和调整三个维度。[83]在 Uhl-Bien 等人（2003）的研究中，"组织支持感"属于态度和行为的细分变量，用于评估公司对个人的关注、关心等，"组织支持感"在其研究中属于多维度变量。[96]

陈志霞等（2006）认为 Eisenberger 等人（1986）编制开发的测量"组织支持感"的量表属于狭义的组织支持感。[84]因此，陈志霞等人（2008）参照 Eisenberger 等人（1986）的组织支持感量表，并结合 McMillin（1997）关于工具性组织支持的界定，修订和编制开发了"二维组织支持感"的问卷，具体包括情感性组织支持和工具性组织支持 2 个维度，并在 2010 年的《组织支持感及支持性人力资源管理对员工工作绩效的影响》一文中采用其修订的 16 个题组的组织支持感问卷。[85]李晓艳等（2012）也采用了 McMillin（1997）编制的包括情感性支持和工具性支持的测量组织支持感的量表，选取了其中的 10 个题组。[87]

凌文辁等人（2006）编制开发的"组织支持感量表"认为组织支持感分为工作支持、价值认同和关心员工利益这三个维度。[88]顾远东等人（2014）参考了简化版的 SPOS、凌文辁等人（2006）编制的《中国员工组织支持感问卷》以及宝贡敏等人（2011）编制的《中国员工感知组织支持问卷》的相关题项，认为组织支持感包括组织支持、主管支持和同事支持三个维度。[89]类似地，纪晓丽等人（2008）结合了 Eisenberger 等人（1986）和 McMillin（1997）的思想，将组织支持感分为狭义组织支持、上级支持感和同事支持感三个维度。[90]刘泉（2011）、宝贡敏等人（2011）认为中国员工感知组织支持由感知组织制度支持、感知组织制度保障、感知主管任务导向型支持、感知主管关系导向型支持、感知同事工作支持和感知同事生活支持共同构成。[91][92]

2.2.3 组织支持感前置变量研究

影响组织支持感的前置变量较多，包括公平、人口统计变量、主管、组织、客观工作环境、人力资源管理实践、心理和情感、同事以及其他几个维度或细分维度。公平包括程序公平、分配公平、互动公平、奖励的公平性、同事公平、信息公平和主管公平等方面，其中，研究最多的是程序公平。其次，主管支持、人力资源管理实践和客观的工作环境也是导致组织支持感产生的重要因素。

"组织公平"作为影响组织支持感重要的因素之一,40多年来,一直都是学术界研究的焦点。如何定义"组织公平",部分学者将其作为一个单变量,不做细分放入研究中,而另一部分学者会对"组织公平"这一维度进行进一步的细分,分为分配公平、互动公平和程序公平等方面,虽然这三个细分维度是相互关联的,但是学者往往将它们拆分开,分别研究其对于组织支持感的影响。程序公平是指分配过程和程序的感知公平性,程序公平的一个关键方面是允许参与者在结果中发表意见;而分配公平是与薪酬等特定结果相关。交互公平,又称互动公平,是指人际交往指导者在组织中如何对待员工的公平感知水平,与程序公平相反,交互公平涉及的行动不那么形式化。

Moorman 等人(1998)通过实证研究证明,程序公平是组织支持感的前提。[97]Loi 等人(2006)研究表明程序公平和分配公平都促进了组织支持感的形成,并且证实了组织支持感在程序公平、分配公平与组织承诺或离职意愿的中介作用。[38]另外,组织支持感介导程序公平与结果变量的关系,并不一定同样适用于分配公平。凌文辁等人(2006)、陈胜军等人(2010)证明程序公平影响组织支持感的形成[88][99];蒋春燕(2007)证明程序公平和分配公平都能促进组织支持感的产生[100];而徐灿(2009)发现组织支持感在程序公平对任务绩效的影响过程中起中介作用,而在程序公平对关系绩效的影响过程中没有中介作用[101]。傅升等人(2010)发现组织结果公平只有通过组织支持感来影响组织认同,组织程序公平可以通过组织支持感和主管支持感两种途径影响组织认同。[102]李金波等人(2006)发现组织支持感在组织公平、角色压力和组织承诺之间起中介作用。[103][104]

Rhoades 等人(2002)通过元分析进行组织支持感的前置变量的探索,发现公平、主管支持、组织奖励、良好的工作条件都是组织支持感的前置变量。[7]Armstrong-Stassen 等人(2010)发现主管支持与增强的组织支持有关,组织支持感部分介导了感知主管支持与情感承诺之间的关系。良好的工作条件可以让员工产生更强的组织支持感,进而产生更好的组织结果。[105]

组织待遇包括上级支持、组织奖赏和组织认可,其都会影响组织支持感的形成。陈胜军等人(2010)[99]、屈丽萍(2006)[106]、陈志霞等人(2010)[86]认为上级支持对于提高员工组织支持感具有积极影响。对员工的晋升和奖赏,体现了组织对员工贡献的认可,可以显著增强员工的组织支持感。[107]屈丽萍(2006)证实组织奖赏和组织支持感具有显著正向关系。[106]屈丽萍(2006)和陈胜军等人(2010)均发现组织认可对组织支持感形成显著正相关。[99][106]

工作条件和环境是另一个重要因素,良好的工作条件能够促进员工的积极性。苗仁涛等人(2013,2015)发现高绩效工作系统对于组织支持感的影响随着程序公平感的增强而增加,但是工作压力却会使组织支持感降低。[108][109]关于工作压力源的分类方法有很多:杨巍(2008)将工作压力源分为内源压力源(工作本身)和外源压力源(职业生涯发展、组织管理、组织环境、角色压力)[110];杨佳(2007)认为工作压力源包括工作本身的压力、角色压力、人际关系压力、组织结构与程序压力、职业生涯发展压力、知识、技术更新压力[111]。弋敏(2007)重点研究了知识型员工的工作压力源。角色压力的分类比较单一。[112]李金波等人(2006)认为角色压力包括角色冲突和角色模糊。[103][104]杨巍(2008)通过实证发现内源压力与组织支持感及工作投入呈显著正相关,而外源压力则与组织支持感和工作投入呈显著负相关。[110]杨佳(2007)发现工作压力源与压力反应呈显著正相关,与组织支持感呈显著负相关关系,员工组织支持感在工作压力源与压力反应之间发挥了中介与调节双重作用机制。[111]李金波等人(2006)发现组织支持感在组织公平、角色压力和组织承诺之间起中介作用。[103][104]

人力资源管理实践作为影响组织支持感的又一个重要因素,包括发展经验、成长机会、晋升、培训实践和福利使用等方面。发展经验对组织支持感有积极的影响。参加过更多正式或非正式培训的发展经验的员工比其他人有更高层次的组织支持感。[82]Allen 等人(2003)也证明支持人力资源实践(参与决策、奖励的公平性和成长机会)有助于形成组织支持感。[113]而 Snape 等人(2010)却通过研究发现人力资源管理实践对组织公民行为有积极的影响,对感知的工作影响或自由裁量权的影响,在组织支持感方面却没有这种效应,这应该是结果变量不同的原因造成。[114]曹科岩等人(2012)选择我国广东省高科技企业员工作为实证研究的对象,研究发现人力资源管理实践(培训发展、员工参与、选拔晋升、薪酬福利)正向影响组织支持感，[115]宋利等人（2006）也有同样的发现。[116]李敏等人（2013）发现组织职业生涯管理感知对组织支持感和工作满意度有正向影响；[117]何会涛等人（2011）发现组织支持感在发展型人力资源实践（职业发展、培训机会、绩效评价）与知识共享行为之间起到了部分中介的作用。[118]

表 2-2　影响组织支持感的前置变量

前置变量	前置变量细分	作者
公平	程序公平	Moorman 等人（1998）[97]；Loi 等人（2006）[38]；Deconinck（2010）[119]；Stinglhamber 等人（2006）[120]；Camerman 等人（2007）[121]；Miceli 等人（2012）[122]；El Akremi 等人（2010）[123]；Kurtessis 等人（2015）[124]；Rhoades 等人（2001）[125]；Wayne 等人（2002）[126]；Lavelle 等人（2007）[127]；Lavelle 等人（2009）[128]；Tekleab 等人（2005）[129]；Ambrose 等人（2003）[130]；Masterson 等人（2000）[131]；Liden 等人（2003）[132]；Armstrong-Stassen 等人（2010）[105]；徐灿（2009）[101]；凌文辁等人（2006）[88]；蒋春燕（2007）[100]；陈胜军等人（2010）[99]；傅升等人（2010）[102]；陈志霞等人（2006）[84]；屈丽萍（2006）[106]；李金波等人（2006）[103][104]
	分配公平	Loi 等人（2006）[38]；Deconinck（2010）[119]；Miceli 等人（2012）[122]；El Akremi 等人（2010）[123]；Wayne 等人（2002）[126]；Kurtessis 等人（2015）[124]；蒋春燕（2007）[100]；刘璞等人（2008）[133]
	互动公平	Lavelle 等人（2009）[128]；El Akremi 等人（2010）[123]；Kurtessis 等人（2015）[124]
	奖励的公平性	Allen 等人（2003）[113]
	同事公平	Lavelle 等人（2007）[127]
	信息公平	El Akremi 等人（2010）[123]；李金波等人（2006）[103][104]
	主管公平	Lavelle 等人（2007）[127]
	组织公平	Rhoades 等人（2002）[7]；Baran 等人（2012）[134]；Colquitt 等人（2013）[135]；秦志华等人（2010）[136]；孟祥菊（2010）[107]；李金波等人（2006）[103][104]；刘璞等人（2008）[133]；陈志霞等人（2010）[86]；陈胜军等人（2010）[99]
	结果公平	傅升等人（2010）[102]；李金波等人（2006）[103][104]
	人际公平	李金波等人（2006）[103][104]

（续表）

前置变量	前置变量细分	作者
	人口统计变量	Liao 等人（2004）[137]；Sturges 等人（2010）[138]
同事	非正式网络	黄海艳（2014）[139]
	个体差异	侯莉颖等人（2011）[140]
	同事支持	陈志霞等人（2010）[86]
主管	主管（上级）支持	Kurtessis 等人（2015）[124]；Eisenberger 等人（2002）[141]；Ng 等人（2008）[14]；Maertz 等人（2007）[142]；Deconinck（2010）[119]；Armstrong-Stassen 等人（2010）[105]；Shanock 等人（2006）[143]；Rhoades 等人（2002）[7]；Rhoades 等人（2001）[125]；Kossek 等人（2011）[144]；Baran 等人（2012）[134]；屈丽萍（2006）[106]；陈志霞等人（2010）[86]；陈胜军等人（2010）[99]；陈志霞等人（2006）[84]；孟祥菊（2010）[107]；白云涛等人（2008）[145]
	销售经理行为控制	Piercy 等人（2006）[146]
	主观的感知组织支持	Shanock 等人（2006）[143]
	雇主利益和支持	Guzzo 等人（1994）[9]
	主管工作—家庭的支持	Kossek 等人（2011）[144]
组织	组织公民行为	Bolino 等人（2015）[147]
	企业社会责任感知（社会环境）	Glavas 等人（2014）[148]；何显富等人（2011）[149]
	组织奖励	Rhoades 等人（2002）[7]；Rhoades 等人（2001）[125]；Baran 等人（2012）[134]；孟祥菊（2010）[107]；屈丽萍（2006）[106]
	组织任期	Wayne 等人（2002）[126]
	组织社会化策略	Allen 等人（2013）[150]
	组织政治认知	Kurtessis 等人（2017）[124]
	承诺	Shore 等人（1993）[36]；Van Knippenberg 等人（2006）[151]
	包容	Wayne 等人（2002）[126]
	组织认同	Van Knippenberg 等人（2006）[151]；Wayne 等人（2002）[126]；屈丽萍（2006）[106]；陈胜军等人（2010）[99]
	识别	Wayne 等人（2002）[126]

（续表）

前置变量	前置变量细分	作者
客观工作环境	道德环境	Valentine 等人（2006）[152]
	工作保障	Kurtessis 等人（2015）[124]
	工作不安全感	Rosenblatt 等人（1996）[153]；胡三嫚（2008）[154]
	滥用监督	Shoss 等人（2013）[155]；Kurtessis 等人（2015）[124]
	其他	Gakovic 等人（2003）[156]；Kurtessis 等人（2015）[124]；Marler 等人（2009）[157]；Armstrong-Stassen 等人（2009）[158]；Hui 等人（2007）[159]；Armstrong-Stassen 等人（2010）[105]；Zagenczyk 等人（2010）[160]；Wang 等人（2013）[161]；Eder 等人（2008）[162]；Ashford 等人（1998）[163]
人力资源管理实践		Allen 等人（2003）[113]；Wayne 等人（1997）[82]；Armstrong-Stassen 等人（2009）[158]；Chambel 等人（2011）[164]；Kuvaas（2008）[165]；Snape 等人（2010）[114]；Armstrong-Stassen 等人（2010）[105]；Kurtessis 等人（2015）[124]；Muse 等人（2008）[166]；李敏等人（2013）[117]；何会涛等人（2011）[118]；陈志霞等人（2010）[86]；王震等人（2011）[167]；曹科岩等人（2012）[115]；宋利等人（2006）[116]
心理和情感	心理契约	Coyle-Shapiro 等人（2005）[168]；Bal 等人（2010）[169]；Suazo（2009）[170]；Kurtessis 等人（2015）[124]；Kiewitz 等人（2009）[171]；Coyle-Shapiro 等人（2000）[172]；沈伊默等人（2007）[173]
	价值一致性	Erdogan 等人（2010）[174]；Kurtessis 等人（2015）[124]；谭小宏（2012）[175]；马贵梅等人（2015）[176]；刘小平等人（2002）[177]
	情绪（无聊、嫉妒、积极情感、喜好、情绪失调）	Watt 等人（2010）[93]；Hui 等人（2007）[159]；Tai 等人（2012）[178]；Karatepe 等人（2011）[179]；Wayne 等人（1997）[82]；许为民等人（2013）[180]
	工作压力	杨佳（2007）[111]；杨巍（2008）[110]；李金波等人（2006）[103][104]

（续表）

前置变量	前置变量细分	作者
其他	达到销售目标	Conway 等人（2012）[181]
	变革型领导（事务型领导）	Kurtessis 等人（2015）[124]
	领导—成员交换	Erdogan 等人（2007）；[182] Kurtessis 等人（2015）[124]
	领导考虑	Kurtessis 等人（2015）[124]
	领导的政治技能	Treadway 等人（2004）[183]
	结构等人效性	Zagenczyk 等人（2010）[160]
	感知利益价值	Muse 等人（2008）[166]
	感知组织障碍	Gibney 等人（2009）[184]
	互惠关系	Uhl-Bien 等人（2003）[96]
	内部控制点	Sturges 等人（2010）[138]
	评价充分性	Guzzo 等人（1994）[9]
	日常客户不公平待遇	Wang 等人（2013）[185]
	社交技能	Hochwarter 等人（2006）[186]
	特殊的交易	Anand 等人（2010）[187]
	提前通知	Alder 等人（2006）[188]
	相互高义务关系	Shore 等人（1998）[189]

　　组织支持感的同事因素分为同事之间的交流机会、交流频率、个体差异以及同事支持，而同事支持的影响还有待研究。黄海艳（2014）发现组织支持感正向调节非正式网络与创新行为之间的关系。[139]侯莉颖等人（2011）研究发现员工个体差异中的某些特征与其组织支持感之间存在显著相关性，其中性别、年龄、文化程度和婚姻状况对组织支持感存在显著影响。[140]何显富等人（2011）表明企业履行对员工的社会责任能够对员工感知组织支持以及员工组织公民行为产生直接的正向影响，员工感知组织支持在这一关系中发挥了重要的中介作用。[149]陈志霞等人（2010）通过实证表明同事支持的影响不如上级支持、参与决策、程序公平明显，所以在模型中去掉。[86]

　　另外，谭小宏（2012）研究发现个人与组织价值观匹配对组织支持感的作用效果非常显著，员工感知到组织对自己的关心和重视，将导致员工愿意仍在组织内部工作，并愿意为组织作出贡献。[175]马贵梅等人（2015）通过实证表明组织支持感调节员工组织价值观匹配、情感承诺与建言行为的关系。[176]胡三嫚（2008）在排除人口统计学和组织行为学特征变量的影响后，工作不安全感各维度与组织支持感均显著提升对各组织结果变量回归方程解释的变异量。[154]许为民等人（2013）提出组织支持感对情绪劳动与工作绩效的关系有调节作用的假设。[180]

心理契约作为比较特殊的一个前置变量，与组织支持感联系密切。组织支持感是管理学领域的概念，而心理契约是社会学领域的概念。Coyle-Shapiro等人（2005）利用组织支持理论，将心理契约履行分为两部分（感知雇主义务和感知雇主诱因），发现感知雇主诱因与组织支持感呈显著正相关，而感知雇主诱因与组织支持感呈显著负相关。[168]Suazo等人（2009）通过实证研究发现心理契约违规充分体现了心理契约违约与组织支持感知的关系，心理契约违约和心理契约违规是两个不同的概念。[170]沈伊默等人（2007）研究发现心理契约破坏感对留职意愿和组织认同的影响是通过组织支持感的中介来传递的。[173]

2.2.4 组织支持感结果变量研究

组织支持感的结果变量可以划分为工作态度与行为、员工情绪与心理、组织承诺、组织其他行为、人力资源管理实践和其他等方面。工作态度与行为包括离职与留职、工作满意度、工作绩效、组织公民行为、适得其反的工作行为、创新行为、产生服务改进的想法、角色内行为和知识共享；员工情绪与心理包括情绪衰竭、工作压力、公民疲劳、快乐、防御性沉默、积极的情绪和心理契约满足；组织承诺包括情感承诺、规范承诺和其他承诺等；组织的其他行为包括组织信任、组织认同、组织自尊、组织自发性、组织偏差和程序公平；人力资源管理实践包括绩效报酬预期、追求发展活动、自我效能感和人际关系；其他的还有员工感知义务、工作—家庭冲突、对职场欺凌的感知能力、顾客对服务质量的感知、行为意向和环境状况，但是人力资源管理实践作为组织支持感的结果变量的研究相对较少。从组织支持感结果变量的总结（表2-3）可知，组织支持感的结果变量主要集中在离职与留职、工作满意度、工作绩效、组织公民行为和组织承诺这几大维度。

员工感知组织支持后最初的表现是对其工作态度和行为产生直接的影响。

员工的组织支持感越强,会导致更强的工作投入度,敬业度也会随之提高,所以工作绩效也会随之提高,而且组织支持感影响工作绩效的直接效应大于间接效应。[85]工作绩效一般分为任务绩效、关系绩效和周边绩效,而组织支持感与任务绩效、周边绩效呈显著正相关。[106]组织支持感会部分通过心理契约来影响研发人员的任务绩效和关系绩效,对工作压力和工作倦怠都发挥调节作用。[190]当员工感受到组织支持感,其归属感也会增强,所以知识共享行为、建言谏言行为、创新行为也会随之增加,从而增加团队合作,并且在员工个体层面增加其工作满意度。组织支持感越强,员工的归属感越强,所以会有更多组织导向的组织公民行为,例如利他主义、遵守规则、忠诚的积极支持等行为,因此员工的离职率会有一定的降幅。另外,组织支持感强的员工会有更多的创新行为、知识共享行为,会将更多的注意力放在改进自身所从事的服务和工作中去,从而增强顾客对服务质量的感知。组织支持感通过社会交换和自我提升与角色内和角色外表现具有相关性。

除了对员工个人的影响,组织支持感还会对组织结果产生重大影响。组织支持感高的员工会表现出较高的感情承诺和较多的利他的组织公民行为,如与同事人际和谐、主动保护公司资源。组织支持感对默许沉默和防御沉默有显著的负向影响,同时与员工的心理契约违背也有着密切关系。对组织的情感承诺是指员工对组织的情感依恋、认同和参与,组织承诺包括情感承诺,此外还有规范承诺等。情感组织承诺在很大程度上促进了组织支持感和组织公民行为的关系。Riggle 等人(2009)通过元分析发现组织支持感对工作满意度和对组织的承诺有很强的正向影响[194],Stamper 等人(2003)通过实证研究发现组织支持感对角色模糊性、角色冲突、工作满意度和留职意愿有较强的影响[11]。但是,在他们的研究中,组织支持感与任务绩效无关,另外,组织支持感对角色压力—结果关系也有调节作用。

员工的情绪和心理也是组织支持感的结果变量的一个方面,Chou 等人(2012)发现感知组织支持与情绪衰竭呈负相关,与工作满意度呈正相关。情绪失调加剧了疲惫和脱离,强烈的组织支持感会减少员工情绪失调的发生,取而代之的是产生积极的情绪,如快乐、幸福感等,减少工作压力,从而对于工作会更加投入,对于职业和工作的满意度也会提高。[191]

表 2-3 组织支持感的结果变量

分类依据	结果变量细分	作者
工作态度与行为	组织公民行为	Eisenberger 等人(1986)[5];Wayne 等人(1997)[82];Masterson 等人(2000)[131];Rich 等人(2010)[203] Shore 等人(1993)[36];Moorman 等人(1998)[97];Wayne 等人(2002)[126];Lavelle 等人(2007)[127];Lavelle 等人(2009)[128];Colquitt 等人(2013)[135];Bishop 等人(2000)[193];Coyle-Shapiro 等人(2005)[168];Snape 等人(2010)[114];Stamper 等人(2002)[204];Anand 等人(2010)[187];Bal 等人(2010)[169];Baran 等人(2012)[134];Kurtessis 等人(2015)[124];Lamm 等人(2013)[205];Coyle-Shapiro 等人(2006)[206];白云涛等人(2008)[145];苗仁涛等人(2013)[108];魏江茹等人(2010)[207];胡三嫚等人(2008)[154];廖丹凤(2009)[208];何显富等人(2011)[149];凌文辁等人(2006)[88];沈伊默等人(2007)[173];田喜洲等人(2010)[209];王文娟等人(2007)[210]
	离职与留职	Rhoades 等人(2002)[7];Wayne 等人(1997)[82];Masterson 等人(2000)[131];Eisenberger 等人(2001)[10];Eisenberger 等人(2002)[141];Rhoades 等人(2001)[125];Allen 等人(2003)[113];Guzzo 等人(1994)[9];Tekleab 等人(2005)[129];Ng 等人(2008)[14];Dulac 等人(2008)[192];Stinglhamber 等人(2003)[120];Bishop 等人(2000)[193];Loi 等人(2006)[38];Riggle 等人(2009)[194];Maertz 等人(2007)[142];Stamper 等人(2003)[11];Kuvaas(2008)[166];Shaffer 等人(2001)[195];Armstrong-Stassen 等人(2009)[158];Eder 等人(2008)[162];Valentine,等人(2006)[152];Baran 等人(2012)[134];Kurtessis 等人(2015)[124];Alder 等人(2006)[188];Armstrong-Stassen 等人(2010)[105];沈伊默(2007)[196];何会涛等人(2011)[118];陈东健等人(2009)[197];倪昌红等人(2013)[198];李晓艳等人(2012)[87];屈丽萍(2006)[106];赵延昇等人(2012)[199];黄攸立等人(2010)[200];蒋春燕(2007)[100];陈志霞(2006)[201];陈志霞等人(2006)[84];孟祥菊(2010)[107];杜鸿儒等人(2006)[202]
	工作满意度	Rhoades 等人(2002)[7];Masterson 等人(2000)[131];Eisenberger 等人(1997)[211];Riggle 等人(2009)[194];Erdogan 等人(2007)[182];Stamper 等人(2003)[11];Erdogan 等人(2010)[174];Valentine 等人(2006)[152];Gillet 等人(2012)[212];Glavas 等人(2014)[148];Alder 等人(2006)[188];Chou 等人(2012)[191];Kurtessis 等人(2015)[124];李敏等人(2013)[117];余琛(2009)[213];刘华等人(2011)[214];陈志霞等人(2006)[84]

（续表）

分类依据	结果变量细分	作者
工作态度与行为	工作投入度	李金波等人（2006）[103][104]；孙健敏等人（2015）[215]；谭小宏（2012）[175]；刘华等人（2011）[214]；杨巍（2008）[110]；曹科岩等人（2012）[115]；卢纪华等人（2013）[216]；陈志霞等人（2010）[86]；胡三嫚（2008）[154]
	工作绩效	Rhoades 等人（2002）[7]；Rich 等人（2010）[203]；Colquitt 等人（2013）[135]；Kraimer 等人（2001）[217]；Lynch 等人（1999）[218]；Armeli 等人（1998）[219]；Riggle 等人（2009）[194]；Stamper 等人（2003）[11]；Kuvaas（2008）[165]；Kraimer 等人（2004）[83]；Hekman 等人（2009）[220]；Muse 等人（2008）[166]；Shoss 等人（2013）[155]；Bal 等人（2010）[169]；Tai 等人（2012）[178]；Wang 等人（2007）[221]；Baran 等人（2012）[134]；Hui 等人（2007）[159]；Takeuchi 等人（2009）[222]；Kurtessis 等人（2015）[124]；Karatepe（2012）[223]；Farh 等人（2007）[224]；Eisenberger 等人（1990）[8]；白云涛等人（2008）[145]；侯莉颖等人（2011）[140]；屈丽萍（2006）[106]；宋峰（2007）[190]；许为民等人（2013）[180]；罗丽玲（2009）[225]；纪晓丽等人（2008）[90]；弋敏（2007）[111]；陈志霞（2006）[201]；徐灿（2009）[101]；陈志霞等人（2006）[84]；陈志霞等人（2010）[86]；孟祥菊（2010）[107]；陈志霞等人（2008）[85]；陈胜军等人（2010）[99]
	适得其反的工作行为	Kurtessis 等人（2015）[124]；Colquitt 等人（2013）[135]；Shoss 等人（2013）[155]
	创新行为	Yuan 等人（2010）[95]；Kurtessis 等人（2015）[124]；白云涛等人（2008）[145]；顾远东等人（2014）[89]；黄海艳（2014）[139]
	产生服务改进的想法	Lages 等人（2012）[226]
	角色内行为	Eisenberger 等人（2001）[10]；Settoon 等人（1996）[80]
	知识共享	Paroutis 等人（2009）[227]；Zhou 等人（2001）[79]；de Stobbeleir 等人（2011）[228]；杨玉浩等人（2008）[229]；初浩楠（2008）[230]；何会涛等人（2011）[118]
	个人主动性	沈伊默等人（2007）[173]
	建言行为	马贵梅等人（2015）[176]；姜薇薇（2014）[231]；苗仁涛等人（2015）[109]；段锦云等人（2011）[232]

（续表）

分类依据	结果变量细分	作者
员工情绪与心理	团队层次行为	刘枭（2011）[91]
	工作压力	Kurtessis 等人（2015）[124]；张东（2006）[233]；杨佳（2007）[111]
	公民倦怠	Bolino 等人（2015）[147]；Kurtessis 等人（2015）[124]；Karatepe（2011）[179]；Wang 等人（2013）[161]；李金波等人（2006）[103][104]；白玉苓（2010）[234]
	快乐	Gillet 等人（2012）[212]
	防御性沉默	Wang 等人（2013）[161]
	积极的情绪	Rhoades 等人（2002）[7]
	心理契约	Conway 等人（2012）[181]；袁勇志等人（2010）[235]
人力资源管理实践	绩效报酬预期	Baran 等人（2012）[134]；Kurtessis 等人（2015）[124]
	追求发展活动	Sturges 等人（2010）[138]；Maurer 等人（2002）[236]
	自我效能感	Gillet 等人（2012）[212]；Kurtessis 等人（2015）[124]
	人际关系	Muse 等人（2008）[166]；Colbert 等人（2004）[237]；沈伊默等人（2007）[173]；陈志霞等人（2010）[86]
组织承诺	情感承诺	Wayne 等人（1997）[82]；Eisenberger 等人（2001）[10]；Dulac 等人（2008）[192]；Rhoades 等人（2001）[125]；Shanock 等人（2010）[143]；Lee 等人（2007）[238]；Coyle-Shapiro 等人（2006）[206]；Takeuchi 等人（2009）[222]；Chambel 等人（2011）[164]；Eisenberger 等人（1990）[8]；Kurtessis 等人（2015）[124]；Farh 等人（2007）[224]；Liden 等人（2003）[132]
	组织承诺	Baran 等人（2012）[134]；Settoon 等人（1996）[80]；Loi 等人（2006）[38]；Glavas 等人（2014）[148]；Masterson 等人（2000）[131]；Riggle 等人（2009）[194]；Alder 等人（2006）[188]；Camerman 等人（2007）[121]；Treadway 等人（2004）[183]；Kurtessis 等人（2015）[124]；凌文辁等人（2006）[88]；杨海军（2003）[239]；王震等人（2011）[167]；杜鸿儒等人（2006）[202]；宋利等人（2006）[116]；刘小平（2005）；陈志霞等人（2006）[84]；蒋春燕（2007）[100]；孟祥菊（2010）[107]；刘璞等人（2008）[133]；刘小平等人（2002）[177]
	规范承诺	Baran 等人（2012）[77]
	其他承诺	Wayne 等人（2002）[126]；Whitener（2001）[240]

（续表）

分类依据	结果变量细分	作者
组织其他行为	组织信任	Kurtessis 等人（2015）[124]；Maurer 等人（2002）[236]；Deconinck（2010）[119]；Stinglhamber 等人（2006）[120]；Dulac 等人（2008）[188]
	组织认同	Baran 等人（2012）[134]；沈伊默等人（2007）[173]；秦志华等人（2010）[136]；傅升等人（2010）[102]；王震等人（2011）[167]；刘华等人（2011）[214]
	组织自尊	Kurtessis 等人（2015）[124]
	组织自发性	Eisenberger 等人（2001）[10]
	组织偏差	Liao 等人（2004）[137]
	组织沉默	李超平等人（2011）[241]
其他	感知义务	Baran 等人（2012）[134]；Coyle-Shapiro 等人（2005）[168]
	工作—家庭冲突	Kurtessis 等人（2015）[124]
	对职场欺凌的感知能力	Parzefall 等人（2010）[242]
	顾客对服务质量的感知	Bell 等人（2002）[243]
	行为意向	Marler 等人（2009）[157]
	环境性能	Kraimer 等人（2001）[217]
	社会交换	Kurtessis 等人（2015）[124]
	外派结果	Wang 等人（2007）[221]
	完成工作的意图	Kraimer 等人（2004）[83]
	印象管理	Eisenberger 等人（1986）[5]；Shore 等人（1993）[36]
	保护公司资源	沈伊默（2007）[196]

2.2.5 简要述评及展望

通过上述文献回顾可以发现，笔者认为以往组织支持感的相关研究还存在以下几点不足：

第一，以往研究结论缺乏一致性、未达成共识。从现有组织支持感的相关实证性研究来看，组织支持感的结果变量涵盖工作态度与行为、员工情绪与心理、组织承诺、组织其他行为、人力资源管理实践等各方面。由于涉及的结果变量众多,这些实证研究大多都是零散式地分布,各持其说,组织支持感的作用机制研究不够系统和不具体化。因此,有必要通过的元分析,系统地探究已有文献关于组织支持感的作用机制,在现有研究的基础上丰富和发展组织支持理论,为企业管理实践提供有价值的理论指导。

第二,缺乏对健身行业组织支持感的考察。一方面,从现有文献回顾结果可知有关组织支持感的影响作用的研究已在多种情境下进行了实践,例如电子商品销售员、国家机构人员、经纪公司职员、邮递员和高校教练。但是目前尚未有研究以健身行业为背景探讨员工感知的组织支持感的影响作用。由于人的复杂性,在不同情景下人的行为具有不确定性,因此有必要以健身类行业为背景探讨组织支持感对结果变量的影响机制。

第三,缺乏组织支持感对结果变量的非线性研究。以往众多关于组织支持相关研究结果中,组织支持感对结果变量之间的关系多为线性的,例如,工作满意度、工作绩效、反生产行为等。这些线性结果与管理实践并不完全吻合。过犹不及理论表明越多的组织支持不一定能够带来越多的积极结果。因此,有必要对组织支持感与员工层面和组织层面的结果变量进行非线性的探究。

第三,缺乏组织支持感对组织层面结果变量的影响。尽管已有不少研究探究了组织支持感与员工个人绩效之间的关系,但尚未有研究讨论过员工的组织支持感对组织绩效的影响。由于组织支持感可以有效地吸引和留住具备优良能力的员工[18],这对于提高组织整体可持续发展绩效具有非常重要的意义。因此,有必要剖析员工的组织支持感对他们感知组织可持续发展绩效所产生的影响。

第 3 章   组织支持感对离职意愿和
工作绩效的元分析研究

通过第 2 章的文献回顾可以发现，前人诸多研究对组织支持感与离职意愿和工作绩效的相关影响没有达成共识。因此，本章首先再次具体回顾组织支持感对离职意愿和工作绩效的相关文献，再通过对现有国内外实证类文献进行统计，采用元分析的研究方法对收集整理的文献进行统计分析，以探究组织支持感对离职意愿和工作绩效的影响。元分析过程根据前人已经探索出的比较成熟和完善的程序，并依照其流程制定研究方案，主要包括文献检索途径和方法、文献入选和剔除标准、数据收集方法及数据处理、偏倚性检验、异质性检验、整体效应检验和调节效应检验等内容，并采用 Stata 15 软件进行元分析。

3.1 组织支持感对离职意愿和工作绩效的相关文献

3.1.1 组织支持感对离职意愿的相关文献

"员工的离职意愿"主要反映在"员工的离职与留职"。目前针对"组织支持感"对"员工的离职与留职意愿"的研究，大多数学者的研究倾向于前者，即组织支持感对离职倾向或离职行为的影响，而少数学者的研究倾向于后者，即组织支持感对留职倾向或留职行为的影响。

从第 2 章相关文献的回顾可知，对"组织支持感"的研究在国外目前相对比较成熟，而"组织支持感"对"员工的离职倾向或离职行为"的研究目前大部分学者的实证研究结果皆表明"组织支持感"与"员工的离职倾向或离职行为"呈显著负相关关系。

Guzzo 等人（1994）实证研究发现"组织支持感"与"员工提早离职的意愿"呈显著负相关，即组织支持感越高，员工越不容易提早离职。[9] Rhoades 等人（2001）研究发现"情感承诺"在"组织支持感"与"员工自愿离职意愿"之间起到中介作用，并且"组织支持感"与"员工自愿离职意愿"之间存在显著的负相关关系，而在其研究中员工感知的"组织支持感"来源于"良好的工作环境"，员工身处于良好的工作环境会降低其离职概率。[125] 在 2002 年的另一项研究中，Rhoades 等人（2002）通过实证研究发现"组织支持感"与"员工退出行为"整体衡量指标的均值呈显著的中度负相关,其中,"组织支持感"与"员工离职意愿"之间的负相关关系程度最高。[7]Masterson 等人(2000)研究发现"组织支持感"与"员工的离职倾向"呈显著负相关,并且变量"程序性正义观"在二者之间起到显著的介导作用,即"组织支持感"通过"程序性正义观"影响"员工的离职倾向"。[131]Eisenberger 等人(2001)研究表明"组织支持感"与"感知义务"呈显著的正相关性,并且对"情感承诺"和"离职行为"产生直接影响,其中对"离职行为"产生显著的负向影响。[10]此外,Eisenberger 等人(2002)在 2002 年的另一项研究中发现"感知组织支持"在"感知主管支持"与"员工离职"之间的负相关关系中起到了完全中介作用。[141]

Allen 等人(2003)研究表明支持的人力资源实践(参与决策、奖励的公平性和成长机会)有助于形成组织支持感,组织支持感与离职行为呈显著负相关,组织支持感在支持的人力资源实践与离职行为之间产生介导作用。[113]Ng 等人(2008)研究发现,在工作满意度和情感承诺的中介作用下,组织支持感对离职倾向皆呈显著的负相关关系。[14]Dulac 等人(2008)通过实证研究发现心理契约违约在感知组织支持和领导—成员交换对离职意愿的影响机制中起到了部分中介作用。组织支持感和领导—成员交换调节了心理契约违约和违规之间的关系。心理契约违规行为充分调节了心理契约违约行为对承诺和信任的影响,并部分地调节了心理契约违约对离职意向的影响。[192]Bishop 等人(2000)发现组织支持感与离职意向的显著负相关关系主要是通过组织承诺的介导作用而产生的影响。[193]Loi 等人(2006)的研究结果表明程序正义和分配正义都促进了组织支持感的产生,而组织支持感则介导了二者对组织承诺和离职意愿的影响。[38]

Riggle 等人(2009)发现感知组织支持对离职意愿有显著的负向影响,其研究结果还表明,组织支持效应在非一线员工中更为明显。[194]Maertz 等人(2007)研究发现"组织支持感"通过"规范承诺"和"情感组织承诺"对"离职倾向"产生了显著的影响。此外,他们的研究还发现了一种新的调节效应,具体而言,"低感知主管支持"增强了组织支持感与离职倾向的负相关关系,而"高感知主管支持"则削弱了这种负相关关系。[142]Stamper 和 Johlke(2003)通过实证研究发现组织支持感对角色模糊性、角色冲突、工作满意度和留职意愿皆有较强的影响。[11]Shaffer 等人(2001)发现感知组织支持和工作与家庭领域的相互作用对外派员工离职意愿有直接影响。[195]Eder 等人(2008)通过实证表明高感知组织支持(POS)消除了工作组成员和个人迟到之间的关系,因此高感知组织支持(POS)降低了工作组成员离职和个人离职之间的关系。[162]Valentine 等人(2006)发现组织支持感将道德环境与工作反应联系起来,特别是离职倾向,与离职倾向呈显著负相关。[152]Baran 等人(2012)实证研究表明在感知义务、社会情感需求满足、工作绩效预期的调节作用下,组织支持感对离职意向有显著的负向影响,并且为直接影响。[134]Kurtessis 等人(2015)采用元分析方法的研究发现组织支持感与留职意愿呈显著正相关($\beta=0.51$),与离职意图呈负相关($\beta=-0.50$)。[124]Alder 等人(2006)研究表明事前通知和感知的组织支持对事后信任有显著的影响,进一步而言,信任会显著影响员工的工作满意度、组织承诺和离职意愿。[188]

虽然国外大部分学者的研究表明"组织支持感"与"离职倾向或离职行为"呈显著的负相关,但是也存在有个别学者在其实证研究中表明"组织支持感"与"离职倾向或离职行为"不存在显著相关性。Tekleab 等人(2005)研究表明员工对违规行为的看法直接决定了他们的工作满意度,组织支持感在其中并没有起到介导作用,以及员工的离职倾向最终是受到离职行为本身的影响。[129]Stinglhamber 等人(2006)的研究发现"感知组织支持"和"组织情感承诺"与"离职倾向"均无显著的相关性。[120]Kuvaas(2008)研究表明发展人力资源实践的感知与离职意愿之间存在强烈的直接负相关关系,但程序性正义的感知削弱了这一联系,而组织支持感在其中作用并不显著。[165]

探究"组织支持感"与"留职倾向"的国外学者主要是 Armstrong-Stassen,其研究群体主要为工龄长的员工。他发现感知的组织支持介导了培训和开发实践、层次结构和工作内容平台与留职意愿之间的关系,并且表示针对工龄长的员工采取培训和发展实践,并根据其需求进行调整,提供有趣且富有挑战性的工作任务,可以提高其组织支持和职业满意度的感知,并且提高留住工龄长的员工的概率。此外,组织支持感部分介导了感知主管支持与情感承诺之间的关系,情感承诺充分介导了组织支持感与老年护士的留职意愿的关系。[105]

国内学者与国外学者的研究具有一定的相似性,即在"组织支持感"对"员工的离职与留职意愿"的研究中,大多数国内学者也聚焦于"组织支持感"对"离职倾向或离职行为"的影响研究。何会涛等人(2011)研究发现"组织支持感"在发展型人力资源实践和离职意向的关系中起部分中介作用。[118]陈东健等人(2009)实证表明员工的工作价值观会显著影响其离职倾向,组织支持感对离职倾向具有良好的预测力,并且是显著的负向影响,但组织支持感在工作价值观和离职倾向之间没有起到显著的调节作用。[197]倪昌红等人(2013)研究发现工作群体感受到的组织支持会增强工作群体的整体心理安全感,继而降低工作群体的离职意愿,群体组织支持感也可以直接降低群体的离职意愿,即群体心理安全感在群体组织支持感与群体离职意愿间起部分中介作用。而且,群体组织支持感也增强了群体凝聚力,进而降低群体离职意愿,但群体凝聚力在群体组织支持感与群体离职意愿间的中介作用没有得到证实。[198]

李晓艳等人(2012)在组织支持感各维度对离职意愿的回归中发现,情感性组织支持感对回归方程的影响最大($\beta = -0.205$),远大于上级支持($\beta = -0.169$)和工具性支持($\beta = -0.126$)。因此,服务人员需要补给情感资源来应对顾客侵犯带来的工作压力。同时,让员工感受到组织支持是降低服务人员离职意愿的另一重要策略,特别是强化对服务人员的情感性组织支持对减少其离职的作用最大。[31]屈丽萍(2006)研究表明组织支持感与离职意愿呈显著负相关,并且组织支持感知还可以有效的预测员工的离职意愿。[106]此外,工作满意度在组织支持感与离职意愿之间存在具有较强的中介作用。赵延昇等人(2012)研究发现组织支持感与离职倾向呈显著负相关。企业中的 80 后知识员工感知到的组织支持感对其离职倾向具有较好的负向预测作用,并且组织支持感在工作倦怠和离职倾向之间起到了显著的调节作用。[199]黄攸立等人(2010)研究表明,当将员工离职作为因变量时,组织支持感($\beta = -0.246, p = 0.000$)和内外控人格特质($\beta = -0.135, p = 0.000$)的主效应均表现出显著的负相关关系,内外控人格特质与组织支持感的交互作用对于离职倾向和工作满意度的两个维度皆有显著影响。[200]蒋春燕(2007)的研究表明组织支持感对组织承诺和离职倾向起完全的中介作用,组织支持感与离职倾向呈显著负相关,且组织支持感确实对离职倾向有直接的作用,而组织承诺的介导作用不显著。[100]

陈志霞(2006)在定性的文献综述中表明按照社会交换理论,组织支持感会产生支持组织目标的责任感,因此,高的组织支持感会导致低的离职行为。[201]一些研究认为组织承诺、工作满意度在组织支持与离职行为之间起中介作用,并通过实证研究发现组织支持感较工作满意度、组织公正感和组织承诺对工作绩效更具预测作用。此外,组织支持感影响离职倾向的直接效应大于间接效应。情感性支持是四维组织支持感中影响员工离职倾向的最为重要的组织支持变量,与离职倾向呈显著负相关。工具性组织支持、上级支持和同事支持对离职倾向的预测作用不显著。孟祥菊(2010)的实证研究也证实了认为组织支持感会促使员工提高工作满意度,会使其更愿意保持自己的工作和有更少的离职行为。[107]杜鸿儒等人(2006)发现组织承诺在组织支持感与员工离职意愿的关系中起完全中介作用,组织信任不直接在组织支持感与员工离职意愿之间起中介作用,并且组织支持感和组织信任都不直接对离职意愿产生显著影响,而是先影响组织承诺,再通过组织承诺去影响员工的离职意愿。[202]

国内也有个别学者探究了"组织支持感"与"留职意愿或留职行为"的关系。沈伊默(2007)通过实证发现"组织支持感"对"组织认同"和"留职意愿"皆有直接的显著影响,同时组织支持感还通过组织认同的中介作用对留职意愿产生间接影响,组织认同在组织支持感和留职意愿的关系中起着部分中介作用。[196]

表 3-1　组织支持感与离职意愿的相关研究

作者	自变量	调节变量	中介变量	数据(样本)	主要结论
Alder 等人 (2006)[188]	提前通知	组织支持感	事后信任	62	事前通知和感知的组织支持对事后信任有显著的主导和交互作用,反过来,信任会显著影响员工的工作满意度、组织承诺和离职意愿。

（续表）

作者	自变量	调节变量	中介变量	数据(样本)	主要结论
Allen 等人 (2003)[113]	参与决策;奖励的公平性;成长机会	/	组织承诺;工作满意度	412	支持的人力资源实践(参与决策、奖励的公平性和成长机会)有助于形成组织支持感,组织支持感与离职行为有负相关,但关系也被中介化。
Bishop 等人 (2000)[193]	/	感知团队支持	组织承诺	380	组织支持感与离职意向的关系,主要是通过组织承诺中介。
Dulac 等人 (2008)[192]	/	/	合同违约;侵权行为	152	心理契约违约在一定程度上介导了感知组织支持(POS)和领导—成员交换(LMX)对离职意愿的影响。组织支持感和 LMX 调节了心理契约违约和违规之间的关系。心理契约违规行为充分调节了心理契约违约行为对承诺和信任的影响,并部分地调节了心理契约违约对离职意向的影响。
Eder 等人 (2008)[162]	工作组其他成员的离职行为	/	/	441	高组织支持感可以降低工作组整体与员工个人迟到之间的关系。高组织支持感还可以减缓工作组整体和员工个人离职意愿之间的关系。
Eisenberg 等人 (2001)[10]	/	交换思想	感知义务;积极情绪	413	组织支持感在正方向上与感知义务具有独特的相关性,并且与情感承诺和退出行为具有显著的直接关联,对退出行为显著负相关。
Eisenberg 等人 (2002)[141]	感知主管支持	/	/	314	感知组织支持完全中介了感知主管支持与员工离职之间的负相关关系。
Guzzo 等人 (1994)[9]	评价充分性;雇主利益和支持	/	组织承诺;离职倾向	200	组织支持感越强,提早离职的意愿就越弱。

（续表）

作者	自变量	调节变量	中介变量	数据(样本)	主要结论
Kuvaas (2008)[165]	人力资源发展实践(职业发展;培训机会;绩效考核)	/	情感承诺;程序正义;互动正义	593	发展人力资源实践的感知与离职意愿之间存在着很强的直接的负相关关系,但程序性和交互性正义的感知缓和了这一联系,组织支持感在其中作用不显著。
Loi 等人 (2006)[38]	程序公平;分配公平	/	/	514	程序正义和分配正义都促进了组织支持感的产生,而组织支持感则介导了它们对组织承诺和离职意愿的影响。
Maertz 等人 (2007)[142]	感知主管支持	/	情感承诺;规范性承诺	225	组织支持感在通过规范承诺和情感组织承诺的作用下对离职倾向产生了显著的影响。此外,发现了一种新的显著的交互关系,即低感知主管支持增强了组织支持感与离职倾向的负相关关系,而高感知主管支持削弱了这种负相关关系。
Masterson 等人 (2000)[131]	程序正义感	领导—成员交换	/	651	组织支持感与离职倾向显著负相关。程序性正义观通过感知组织支持的中介变量影响离职倾向。
Rhoades 等人 (2001)[125]	组织奖励;程序正义;主管支持	/	/	367	组织支持感导致情感承诺。组织支持感与随后的员工自愿离职之间存在负相关关系。良好的工作环境是通过组织支持感来增加交流,从而减少员工的离职行为。
Shaffer 等人 (2001)[195]	/	/	/	172	感知组织支持和工作与家庭领域的相互作用对外派员工离职意愿有直接影响。

（续表）

作者	自变量	调节变量	中介变量	数据(样本)	主要结论
Stinglhamber 等人 (2003)[120]	本质上令人满意的工作条件；非固有的令人满意的工作条件	/	情感承诺	483	感知组织支持和组织情感承诺与离职倾向均无显著相关性。
Tekleab 等人 (2005)[129]	程序正义	领导—成员交换	心理契约违背；工作满意度	191	员工对违规行为的看法，而不是组织支持感，直接决定了他们的工作满意度，以及他们的离职倾向——最终是营业额本身。
Valentine 等人 (2006)[152]	道德环境	/	/	460	组织支持感将道德环境与工作反应联系起来，特别是离职倾向。
Wayne 等人 (1997)[82]	发展经验；晋升；喜好	领导—成员交换	/	858	通过元分析进行组织支持感的前置变量和结果变量的探索。结果变量：工作满意度、积极情绪、情感承诺、绩效、更少的离职行为。这些关系依赖于组织支持理论假设的过程：员工认为组织的行为是随意的，有义务帮助组织，满足社会情感需求，以及绩效奖励期望。
陈东健 等人 (2009)[197]	/	组织支持感	/	232	员工的工作价值观会显著影响其离职倾向；组织支持感对离职倾向具有很好的预测力，且是负向的。组织支持感对工作价值观和离职倾向的调节作用不显著。

（续表）

作者	自变量	调节变量	中介变量	数据（样本）	主要结论
陈志霞 （2006）[201]	/	/	工作满意度； 组织承诺	512	组织支持感较工作满意度、组织公正感和组织承诺对工作绩效更具预测作用；组织支持感影响离职倾向的直接效应大于间接效应。情感性支持是四维组织支持感中影响员工离职倾向的最为重要的组织支持变量，与离职倾向呈显著负相关。工具性组织支持、上级支持和同事支持对离职倾向的预测作用不显著。
杜鸿儒 等人 （2006）[202]	/	/	组织信任	176	组织承诺在组织支持感与员工离职意愿的关系中起完全中介作用；组织信任不直接在组织支持感与员工离职意愿之间起中介作用。组织支持感和组织信任都不直接对离职意愿产生影响，而是先影响组织承诺，再由组织承诺去影响员工离职意愿。
何会涛 等人 （2011）[118]	发展型人力资源实践（职业发展、培训机会、绩效评估）	/	/	632	组织支持感在发展型人力资源实践和离职意向的关系中起部分中介作用。
黄攸立 等人 （2010）[200]	/	内外控人格特质与组织支持感的交互作用	/	347	当离职作为因变量时，组织支持感（$\beta = -0.246, p = 0.000$）和内外控人格特质（$\beta = -0.135, p = 0.000$）的主效应均表现出显著的负相关关系；内外控人格特质与组织支持感的交互作用对于离职倾向和工作满意度的两个维度有显著影响。

（续表）

作者	自变量	调节变量	中介变量	数据（样本）	主要结论
蒋春燕（2007）[100]	程序公平；分配公平	/	组织承诺	263	组织支持感则对组织承诺和离职倾向起完全的中介传导作用；组织支持感与离职倾向显著负相关，且组织支持感确实对离职倾向有直接的作用，组织承诺的介导作用不显著。
倪昌红等人（2013）[198]	/	群体的心理安全感；群体的凝聚力	群体离职意愿	265	工作群体感受到的组织支持会增强工作群体的整体心理安全感，继而降低工作群体的离职意愿，群体组织支持感也可以直接降低群体的离职意愿，即群体心理安全感在群体组织支持感与群体离职意愿间起部分中介作用。而且，群体组织支持感也增强了群体凝聚力，进而降低群体离职意愿，但群体凝聚力在群体组织支持感与群体离职意愿间的中介作用没有得到证实。
赵延昇等人（2012）[199]	/	组织支持感	/	320	组织支持感与离职倾向显著负相关。企业 80 后知识员工感知到的组织支持感对其离职倾向具有较好的负向预测作用；组织支持感在工作倦怠和离职倾向之间起到了明显的调节作用。

3.1.2 组织支持感对工作绩效的相关文献

本小节主要回顾组织支持感对工作绩效的相关文献。"组织支持感"对"工作绩效"影响的研究目前大部分学者的实证研究结果表明"组织支持感"对"工作绩效"有显著的正向影响，但也存在少数学者的研究表明"组织支持感"对"工作绩效"不存在显著影响或者部分支持。

由于"组织支持感"的研究在国外目前相对比较成熟,因此国外有众多研究表明组织支持感对工作绩效有显著的正向影响。Rhoades 等人(2002)采用元分析的方法对组织支持感的前置变量和结果变量进行探索,其结果表明组织支持感与工作满意度呈显著正相关。[7] Rich 等人(2010)研究表明组织支持感与工作投入呈显著正相关,而工作投入与任务绩效呈显著正相关,此外,工作投入能调节感知组织支持和任务绩效之间的关系。[203] Kraimer 等人(2001)研究发现组织支持感对外派人员的适应有直接的正向影响,外派人员的适应对工作绩效的两个维度皆有显著的正向影响。[217] Lynch 等人(1999)的实证结果发现:当组织支持感较低时,往复警惕与角色内和角色外的工作绩效呈显著负相关,而在组织支持感较高的情况下,往复警惕与角色外的工作绩效呈显著正相关;与角色内的工作绩效(零售员工)呈显著正相关,与角色表现之间没有显著关系(对于多组织样本)。[218] Armeli 等人(1998)研究发现:随着社会情感需求的增强,组织支持感对回报高绩效的义务的影响也会增强。[219] Riggle 等人(2009)研究表明感知组织支持对员工绩效有积极的影响,其研究结果还表明,非一线员工的组织支持效应更为显著。[194]

Hekman 等人(2009)研究发现组织支持知觉(POS)与员工工作绩效之间的关系有以下表现:第一,在组织认同高、职业认同低的情况下组织支持知觉(POS)与员工工作绩效之间的正相关关系最强烈;第二,在组织认同低、职业认同高的情况下组织支持知觉(POS)与员工工作绩效之间的正相关关系最弱。[220] Muse 等人(2008)实证表明工作—生活福利与员工对组织的感知支持感、对组织的情感承诺以及对组织的回报皆有显著的正相关关系。[166] Shoss 等人(2013)实证表明滥用监督权利与主管组织实施方案主导的组织支持感的减少有关,反过来,减少组织支持感与针对组织的反效果工作行为的增加有关,并降低了角色内和角色外绩效。[155] Wang 等人(2007)研究发现工作调整在组织支持感和外籍员工工作绩效之间存在中介作用,交互调整介导了组织支持感和工作绩效之间的关系,而工作压力调节了组织支持感和工作绩效之间的关系。[221] Hui 等人(2007)通过实证研究发现组织支持感和离职倾向在积极情绪与工作绩效之间具有显著的中介效应,并且组织支持感与工作绩效呈显著正相关。[159]

Takeuchi 等人(2009)的研究表明当前任务和在职生活中组织支持感相互作用以预测工作和一般调整,工作和一般调整与外籍员工更高的情感承诺有关,而这又反过来会导致更好的工作绩效。[222] Karatepe(2012)研究发现组织支持感与职业满意度、服务补救绩效、工作绩效呈显著正相关,此外,职业满意度和工作绩效呈显著正相关性,而职业满意度在组织支持感对员工的服务补救绩效和工作绩效之间起调节作用。[223] Eisenberger 等人(1990)研究发现组织支持感与工作出勤率和绩效之间存在正相关关系,组织支持感对情感依恋、绩效结果预期以及有助于组织的匿名团队有积极影响。[8]

侯莉颖等人(2011)研究表明组织支持感与工作绩效之间存在明显的正相关性,而且组织支持感对工作绩效的影响主要是通过价值认同感对周边绩效的影响来实现。[140] 屈丽萍(2006)发现组织支持感与工作结果高度相关,其中,与任务绩效和周边绩效呈显著正相关,情感承诺对于组织支持感知与工作绩效之间的关系具有较强的中介作用,工作满意度对于组织支持感与三类工作效果之间的关系具有较强的中介作用。[106] 白云涛等人(2008)研究发现员工感知组织支持与员工对高层领导的组织化信任具有显著的正相关关系,但是员工的组织化信任与其本职工作绩效具有正相关关系仅得到部分验证。[145] 宋峰(2007)通过实证研究表明组织支持感会部分通过心理契约违背来影响研发人员的任务绩效和关系绩效。与组织支持感对任务绩效的直接影响相比,组织支持感对人际促进、工作奉献的直接影响的程度更大,这揭示关系绩效对研发人员与企业之间的社会交换关系更为敏感。[190] 罗丽玲(2009)研究表明组织支持感对良性工作压力具有促进作用,而对劣性工作压力具有减弱作用,并且组织支持感对工作压力源与工作绩效的作用机制具有调节作用,组织支持感在劣性工作压力源与工作绩效之间起到了一定的缓冲作用。[225]

纪晓丽等人(2008)的研究结果表明,组织支持感的部分因子对工作绩效有显著的正向影响,具体而言,狭义组织支持与任务绩效的相关系数为 0.354,与周边绩效的相关系数为 0.223。此外,工作价值观对组织支持感与工作绩效有部分中介作用。[90] 弋敏(2007)认为知识型员工的工作压力、工作态度、自我效能感、组织支持感等变量均会直接或间接地影响工作绩效,组织支持感与工作绩效呈显著正相关。[111]陈志霞(2006)通过实证表明,组织支持感较工作满意度、组织公正感和组织承诺对工作绩效的预测作用更为强烈,并且组织支持感与任务绩效、人际促进和工作奉献之间均存在显著正向关系。[201]其在2008年的研究中,虽然发现工作满意度和情感承诺在组织支持感与工作绩效的关系中存在中介作用,但是,组织支持感影响工作绩效的直接效应大于间接效应。[85]而在2010年的研究中发现,组织支持感在支持性人力资源管理实践与员工工作绩效含任务绩效和情境绩效之间起着重要的中介作用。[86]情感性组织支持感主要对工作奉献和人际促进存在显著预测作用,工具性组织支持感主要对任务绩效和人际促进存在显著预测作用,且均为显著的正向作用。徐灿(2009)研究发现组织支持感在程序公平对任务绩效的影响过程中起中介作用,且为正向影响。而在程序公平对关系绩效的影响过程中并没有起到中介作用。[101]陈胜军等人(2010)发现组织支持感的概念以及单维度测量方法对房地产知识员工同样适用。组织支持感与任务绩效和周边绩效高度正相关,组织支持感可以有效地预测任务绩效和周边绩效。[99]

Kraimer等人(2004)在以外派人员为样本时研究发现的结果有所不同。他们发现适应组织支持感与外派人员调整存在显著的正相关关系,但与任务和情境绩效呈显著的负相关关系。财务组织支持感与对国外设施的承诺和任务绩效呈正相关。职业组织支持感与母公司的承诺和完成任务的意愿呈正相关。当外派人员感知到职业组织支持感时,他/她更有可能将公司提供的外派任务视为一种有益的职业机会,并更致力于完成外派任务。[83]

另外还有少数学者在其研究中没有发现组织支持感和工作绩效之间存在显著相关性。Colquitt等人(2013)的研究表明公平与任务绩效之间存在显著相关性是由于社会交换质量指标(信任、组织承诺、感知组织支持和领导—成员交换)在二者之间存在介导作用,尽管这种中介作用对于反生产行为并不显著。[135]Stamper等人(2003)认为组织支持感和任务绩效无关。[11]Kuvaas(2008)研究发现员工—组织关系(感知组织支持、情感组织承诺、程序和交互正义)的四个指标削弱了发展人力资源实践感知与工作绩效之间的相关性,而且员工—组织关系指标在发展人力资源实践感知与工作绩效之间存在中介作用的假设并没有得到支持。[165]Farh 等人(2007)研究发现中国员工的组织支持感对工作表现(工作绩效)的影响呈边际显著,研究假设之一:"相较于传统性,权力距离在组织支持感与工作结果(情感组织承诺,工作绩效和组织公民行为)之间起到更强烈的调节作用"得到了部分支持。[224]

　　此外,还有部分学者虽然没有采用实证研究,但是通过梳理文献和总结规律提出了自己的观点。Kurtessis 等人(2017)认为"组织认同、情感承诺、规范承诺和自我效能感在一定程度上调节了组织支持感与工作绩效之间的关系"。[124]孟祥菊(2010)通过梳理相关文献得出如下结论,当员工相信组织自愿提供支持,产生组织支持感后,根据互惠,员工产生了要关心组织的福利和帮助组织实现目标的义务感,同时在义务感的驱使下,员工会努力工作,提高工作绩效,回报组织。并且表示诸多的实证研究也支持这一观点。[107]陈志霞等人(2006)指出组织支持对涉外员工的境外适应具有直接影响,并进而影响到员工的任务绩效和关系绩效。[84]许为民等人(2013)认为深层扮演与工作绩效之间呈正相关关系,真实情绪表达与工作绩效之间也存在正相关关系,表层扮演行为与工作绩效之间存在负相关关系,组织支持感在情绪劳动与工作绩效之间存在调节作用。[180]

表 3-2　组织支持感与工作绩效的相关研究

作者	自变量	调节变量	中介变量	数据(样本)	主要结论
Armeli 等(1998)[219]	/	/	社会情感需求	308	组织支持感对回报高绩效的义务随着社会情感需求的增强而增加。
Bal 等(2010)[169]	心理契约违约	组织支持感;社会交换关系;信任	/	266	心理契约违约与工作绩效之间的负相关关系受到社会交换关系的调节,社会交换关系高、组织支持感强、信任度高的员工具有更高的工作绩效。

（续表）

作者	自变量	调节变量	中介变量	数据（样本）	主要结论
Colquitt 等 (2013)[135]	公平（分配、程序、人际关系、信息）	/	/	1155	公平与任务绩效之间的显著关系是由社会交换质量指标（信任、组织承诺、感知组织支持和领导—成员交换）介导的，尽管这种中介对于反生产行为并不明显。
Eisenberger 等 (1990)[8]	/	/	/	361	组织支持感与工作出勤率和绩效之间存在正相关关系。组织支持感与情感依恋、绩效结果预期以及有助于组织的匿名团队积极相关。
Farh 等 (2007)[224]	/	权力距离；中国传统文化	/	169	中国员工的组织支持感对工作表现的影响略微显著。假设与传统性相比，权力距离是组织支持感与工作结果（情感组织承诺、工作绩效和组织公民行为）之间关系的更强调节者，得到了部分支持。
Hekman 等 (2009)[220]	/	组织认同；职业认同	/	185	组织支持知觉（POS）与员工工作绩效之间的关系：（1）在组织认同高、职业认同低的情况下最积极；（2）在组织认同低、职业认同高的情况下最不积极。
Hui 等 (2007)[159]	传统；积极情感作用	/	离职倾向	300	组织支持感和离职倾向显著地中介了积极情绪与工作绩效之间的关系。组织支持感对工作绩效呈显著正相关。
Karatepe (2012)[223]	/	/	职业满意度	212	组织支持感与职业满意度、服务补救绩效、工作绩效显著正相关，职业满意度和工作绩效呈正相关。职业满意度完全调节组织支持感对员工的服务补救绩效和工作绩效。

（续表）

作者	自变量	调节变量	中介变量	数据(样本)	主要结论
Kraimer 等 (2001)[217]	/	/	工作调整; 一般调整; 交互调整	583	组织支持感对外派人员的适应有直接正向影响,外派人员的适应对绩效的两个维度都有直接正向影响。
Kraimer 等 (2004)[83]	/	/	外派人员适应;组织承诺;母公司;外国设施	583	组织支持感适应与外派人员调整存在正相关关系,但与任务和情境绩效呈负相关关系。财务组织支持感与对国外设施的承诺和任务绩效呈正相关。职业组织支持感与母公司的承诺和完成任务的意愿呈正相关。当外派人员感知到职业组织支持感时,他/她更有可能将公司提供的外派任务视为一种有益的职业机会,并更致力于完成外派任务。
Kuvaas (2008)[165]	人力资源发展实践(职业发展;培训机会;绩效考核)	/	情感承诺;程序正义;互动正义	593	员工—组织关系(感知组织支持、情感组织承诺、程序和交互正义)的四个指标减缓了发展人力资源实践感知与工作绩效之间的关系。员工—组织关系指标在发展人力资源实践感知与工作绩效之间关系中的中介作用没有得到支持。
Lynch 等 (1999)[218]	/	/	角色内工作绩效	323	当组织支持感较低时,交互警惕与角色内和角色外的工作绩效呈负相关。在高组织支持感的情况下,互惠警惕与周边绩效正相关,与角色内绩效正相关(对于零售员工),或者与角色内绩效(对于多组织样本)没有显著关系。

（续表）

作者	自变量	调节变量	中介变量	数据(样本)	主要结论
Muse 等 (2008)[166]	工作—生活福利使用；感知利益价值	/	情感承诺	539	工作—生活福利与员工对组织的感知支持感、对组织的情感承诺以及对组织的回报有正向的关系，表现为更高层次的任务和情境绩效行为。
Rich 等 (2010)[203]	/	/	工作投入；内在动机；工作满意度；工作参与	245	组织支持感与工作投入呈正相关，工作投入与任务绩效正相关。工作投入调节感知组织支持感和任务绩效之间的关系。
Shoss 等 (2013)[155]	滥用监督	主管的组织体现	/	266	滥用监督与主管组织实施方案主导的 POS 减少有关。反过来，减少 POS 与针对组织的反效果工作行为的增加有关，并降低了角色内和角色外绩效。
Stamper 等 (2003)[11]	/	/	角色模糊；角色冲突	235	组织支持感与任务绩效无关。
Takeuchi 等 (2009)[222]	/	/	工作调整；一般调整	133	组织支持感被发现相互作用来预测工作和一般的调整。工作和一般的调整与外籍员工更高的情感承诺有关，而这又反过来导致了更好的工作绩效。
Wang 等 (2007)[221]	/	/	工作调整；一般调整；互动调整；工作压力	183/148	工作调整在组织支持感和外籍工作绩效之间存在中介作用，交互调整介导了组织支持感和工作绩效的关系。工作压力调节了组织支持感和工作绩效的关系。

（续表）

作者	自变量	调节变量	中介变量	数据(样本)	主要结论
白云涛等 (2008)[145]	高层领导 变革型领导行为(间接领导)	/	员工对高层领导的组织化信任	288	结果支持员工感知组织支持与员工对高层领导的组织化信任具有正相关关系,但是员工的组织化信任与其本职工作绩效具有正相关关系得到了部分验证。
陈胜军等 (2010)[99]	程序公平; 上级支持; 组织认可	/	/	409	组织支持感的概念以及单维度测量方法对房地产知识员工同样适用。组织支持感与任务绩效和周边绩效高度正相关,组织支持感可以有效地预测任务绩效和周边绩效。
陈志霞 (2006)[201]	/	/	工作满意度; 组织承诺	512	组织支持感较工作满意度、组织公正感和组织承诺对工作绩效更具预测作用;组织支持感与任务绩效、人际促进和工作奉献之间均存在显著正向关系。
陈志霞等 (2008)[85]	/	/	工作满意度; 情感承诺	512	虽然工作满意度和情感承诺在组织支持感与工作绩效的关系中存在中介作用,但是,组织支持感影响工作绩效的直接效应大于间接效应。
陈志霞等 (2010)[86]	上级支持; 同时支持; 参与决策; 组织公正	/	/	626	组织支持感在支持性人力资源管理实践与员工工作绩效含任务绩效和情境绩效之间起着重要中介作用。情感性组织支持感主要对工作奉献和人际促进存在显著预测作用,工具性组织支持感主要对任务绩效和人际促进存在显著预测作用,且均为正向作用。

（续表）

作者	自变量	调节变量	中介变量	数据(样本)	主要结论
纪晓丽等 (2008)[90]	/	/	工作价值观	64	组织支持感的部分因子对工作绩效有显著正向影响；狭义组织支持与任务绩效的相关系数为 0.354，与周边绩效的相关系数为 0.223。工作价值观对组织支持感与工作绩效有部分中介作用。
罗丽玲 (2009)[225]	工作压力源 (良性压力源、 劣性压力源)	个体变量 特征	/	254	组织支持感对良性工作压力具有促进作用；对劣性工作压力具有减弱作用。组织支持感对工作压力源与工作绩效的作用机制具有调节作用。组织支持感在劣性工作压力源与工作绩效之间起到了一定的缓冲作用。
屈丽萍 (2006)[106]	组织待遇 (程序公平、 上级支持、 组织奖赏和 工作条件/ 组织认可)	/	工作态度 (工作满意 度、情感 承诺)	202	组织支持感与工作结果高度相关，其中，与任务绩效和周边绩效显著正相关，情感承诺对于组织支持感知与工作绩效之间的关系具有较强的中介作用。工作满意度对于组织支持感与三类工作效果之间的关系具有较强的中介作用。
宋峰 (2007)[190]	/	领导—成 员交换	心理契 约违背	206	组织支持感会部分通过心理契约违背来影响研发人员的任务绩效和关系绩效。与组织支持感对任务绩效的直接影响相比，组织支持感对人际促进、工作奉献的直接影响程度更大。这揭示关系绩效对研发人员与企业之间的社会交换关系更为敏感。

（续表）

作者	自变量	调节变量	中介变量	数据（样本）	主要结论
徐灿 (2009)[101]	程度公平	/	/	352	组织支持感在程序公平对任务绩效的影响过程中起中介作用，且为正向影响。而在程序公平对关系绩效的影响过程中没有中介作用。
弋敏 (2007)[112]	知识型员工工作压力源	自我效能；组织支持感	工作态度（工作满意度、工作参与、组织承诺）	150	知识型员工的工作压力、工作态度、自我效能感、组织支持感等变量均会直接或间接地影响工作绩效，组织支持感与工作绩效显著正相关。

3.2 数据准备

3.2.1 检索和筛选研究文献

本章通过以下两个渠道获得"组织支持感对离职意愿和工作绩效的元分析研究"所需要的实证类文献。渠道一，在 EBSCOhost 数据库、Web of Science 等相关检索英文文献数据库中，检索主题、篇名、关键词或摘要中包含"Perceived Support"或"Perceived Organizational Support"的文献，并通过相关链接下载与检索文献相似的文献。渠道二，在 CNKI 数据库（中国知网）、万方数据知识服务平台、维普期刊中文期刊服务平台中，检索主题、篇名、关键词或摘要中包含"组织支持"或"感知组织支持"的文献，并通过相关链接下载与检索文献相似的文献。剔除研究中未包含前置变量和结果变量的文献后，截至 2018 年 8 月，共检索到相关研究文献 212 篇，其中英文文献 114 篇，中文文献 98 篇。

对上述检索所得的 212 篇相关文献将按照以下标准进行筛选与剔除：(1)题目、摘要和关键词符合本章研究主题，剔除单纯探究组织支持感，或并非探究组织支持感与离职意愿和工作绩效之间关系的文献；(2)文献必须采用实证研究方式探究组织支持感与离职意愿和工作绩效之间的关系，并且文中列出组织支持感与工作绩效或离职意愿之间的相关系数、变量信度等元分析研究所需的相关数据；(3)仔细核查检索所得的文献是否同一个研究分多阶段发表、重复发表或用同一样本发表的情况,并将其归为同一项研究。

综上,212篇初始检索所得的相关文献经过上述筛选与剔除,共获得39篇文献符合要求且相互独立,以探究组织支持感与工作绩效和离职意愿之间关系,并且可用于元分析研究的实证文献。文献纳入率为18.4%,其中英文文献27篇,中文文献12篇,组织支持感与工作绩效相关文献共21篇,组织支持感与离职意愿相关文献共19篇①。

3.2.2 数据编码及处理

首先,元分析相关研究指出效应值应该基于独立样本并由此确定的。因此,如果一个研究中包含多个样本且与本章研究相关,笔者将对其进行多次编码以确保研究的可靠性。其次,若研究中将组织支持感分为多个维度或将工作绩效分为多个维度或组织支持感和工作绩效皆分为多个维度,笔者分别计算出各维度或各交叉维度的效应值并取其平均值作为最终的效应值以确保研究的可靠性,而自变量信度和因变量信度则取平均值进行报告。最后,若研究采用客观数据衡量工作绩效这一指标,则表示因变量不存在信度值,因此笔者将相关系数直接等同于效应值。

Meta分析是通过效应值这一统计量对每个研究进行估计的,笔者采用皮尔逊积矩相关系数 r(Pearson product-moment correlation coefficient)来计算效应值并研究组织支持感对离职意愿和工作绩效之间的关系。研究通过大样本获得的皮尔逊积矩相关系数,其精度要明显优于通过小样本获取相关系数的研究。但是,如果直接把观察到的相关系数作为效应值是不合适的,必须根据每个研究的样本量大小来进行加权平均。因此,笔者从每个研究中计算组织支持感和离职意愿(工作绩效)的零次相关并修正测量误差,将观察到的相关系数根据每个研究的样本量大小赋予权重。具体来说,笔者先对效应值进行费雪 Z 转换,然后计算每个效应值的标准误差和方差权重倒数。这些统计量则被用来计算加权平均效应值、平均效应值的标准误差、置信区间和效应值分布的同质性。除效应值和标准差通过Excel 2016计算外,其余数值皆由Stata 15软件计

---

① Kuvaas(2008)的研究涉及组织支持感与工作绩效和组织支持感与离职意愿,因此分别被纳入组织支持感与工作绩效和组织支持感与离职意愿的相关文献。

算得到,具体公式如下:

（1）根据公式 3.1 将从每个研究样本中获得的相关系数进行信度修正。其中,r_j 是各研究中观察到的相关系数,即效应值,α_x 和 α_y 分别是相应的自变量和因变量的信度。这一步骤是为了修正量表的信度缺陷所导致相关系数的衰减偏差。

$$r'_j = \frac{r_j}{\sqrt{\alpha_x \alpha_y}} \tag{3.1}$$

（2）根据公式 3.2 将经过信度修正后的相关系数转化为费雪的 Z 系数。

$$Z(r'_j) = \frac{1}{2} \ln\left(\frac{1 + r'_j}{1 - r'_j}\right) \tag{3.2}$$

（3）根据公式 3.3,以抽样标准误差平方的倒数作为权重,对费雪的 Z 系数进行加权平均。其中,抽样标准误 $SE = \frac{1}{\sqrt{n-3}}$,权重 $W_j = \frac{1}{SE^2} = n - 3$。

$$\overline{Z(r')} = \frac{\sum W_j Z(r'_j)}{\sum W_j} \tag{3.3}$$

（4）根据公式 3.4 将加权后的费雪的 Z 系数重新换算成新的相关系数。

$$\bar{r} = \frac{e^{\overline{Z(r')}} - 1}{e^{\overline{Z(r')}} + 1} \tag{3.4}$$

（5）根据公式 3.5 计算获得全样本的抽样误差来估计平均效应值的显著性水平。

$$S_Z = \frac{\bar{r}}{SE} \tag{3.5}$$

（6）根据公示 3.6 计算获得新的相关系数 95% 的置信区间。

$$\left(\bar{r} - \frac{1.96}{\sqrt{\sum Wj}}, \bar{r} + \frac{1.96}{\sqrt{\sum Wj}}\right) \tag{3.6}$$

（7）根据公式 3.7 计算获得观测到的相关系数的方差。其中,$\bar{r_j} = \frac{\sum n_j r_j}{\sum n_j}$。

$$S_r^2 = \frac{\sum n_j (r_j - \bar{r_j})^2}{\sum n_j} \tag{3.7}$$

（8）根据公式 3.8 计算获得由抽样误差引起的效应值变异。

$$S_e^2 = \frac{\sum \frac{n_j(1-\bar{r_j})^2}{(n_j-1)}}{\sum n_j} \tag{3.8}$$

（9）根据公式 3.9 计算获得抽样误差所引起的效应值变异对观察到总变异的解释程度。若解释程度小于 75%，则可以认为样本效应值不存在同质性。

$$解释程度 = \frac{S_e^2}{S_r^2} \tag{3.9}$$

（10）根据公式 3.10 计算获得异质性检验 Q 值。其中，Q 值检验 Q 服从 $\chi^2(n_j-1)$ 分布，若 Q 值大于相应的卡方临界值，即在统计学上表示显著，则意味着平均效应值相对应的总体存在异质性。

$$Q = \sum W_j(r_j - \bar{r})^2 \tag{3.10}$$

（11）根据公式 3.11 采用"失安全系数"统计量对抽样偏差进行估计。由"失安全系数"和样本效应值 k 的对比结果表示偏差程度，二者差距越大，则存在出版偏差可能性越小。

$$N = k\left(\frac{\bar{r_k}}{r} - 1\right) \tag{3.11}$$

将 3.2.1 节中筛选所得的 21 篇组织支持感与工作绩效的相关文献和 19 篇组织支持感与离职意愿的相关文献分别从中提取出元分析所需要的数据并编码成表，数据编码表中主要包含以下内容：文章题目、作者、发表年限等文献来源信息，以及研究对象、前置变量、结果变量、研究结论等研究特征信息；还包括样本量、变量关系、各变量的测量维度及各变量的信度系数（采用 Cronbach alpha 表示）、两两变量之间的相关系数及显著性水平等效应值统计项。经过文献数据二次编码后，最终组织支持感与离职意愿 19 篇相关文献共获得 21 个独立研究样本，总样本量达到 7502，组织支持感与工作绩效 21 篇相关文献共获得 24 个独立研究样本，总样本量达到 6311。组织支持感与离职意愿元分析部分编码信息主要包含作者、年份、样本量、自变量信度、因变量信度、相关系数、修正后的相关系数、Fisher's Z、Z 值的标准差和行业，如表 3-3 所示；组织支持感与工作绩效元分析部分编码信息主要包含作者、年份、样本量、自变量信度、因变量信度、相关系数、修正后的相关系数、Fisher's Z、Z 值的标准差和行业，如表 3-4 所示。

表 3-3　组织支持感与离职意愿元分析部分编码信息

No.	作者	年份	X Cronbach alpha	Y Cronbach alpha	相关系数	样本量	修正后的 r	Fisher's Z	SEz	样本所属行业
1	Alder 等	2006	0.900 0	0.870 0	−0.500 0	62	−0.565 1	−0.640 2	0.130 2	零售业
2	Allen 等	2003	0.940 0	0.950 0	−0.440 0	215	−0.465 6	−0.504 5	0.068 7	零售业
3	Allen 等	2003	0.940 0	0.920 0	−0.430 0	197	−0.462 4	−0.500 3	0.071 8	保险业
4	Bishop 等	2000	0.850 0	0.860 0	−0.540 0	380	−0.631 6	−0.744 1	0.051 5	制造业
5	Dulac 等	2008	0.900 0	0.960 0	−0.240 0	152	−0.258 2	−0.264 2	0.081 9	混合服务业
6	Eder 等	2008	0.830 0	/	−0.060 0	162	−0.060 0	−0.060 1	0.079 3	制造业
7	Eder 等	2008	0.900 0	0.650 0	−0.170 0	640	−0.222 3	−0.226 0	0.039 6	零售业
8	Eisenberg 等	2001	0.770 0	0.850 0	−0.220 0	413	−0.271 9	−0.279 0	0.049 4	邮政行业
9	Kuvaas	2008	0.820 0	0.880 0	−0.370 0	591	−0.435 6	−0.466 7	0.041 2	银行业
10	Loi 等	2006	0.930 0	0.880 0	−0.570 0	490	−0.630 1	−0.741 5	0.045 3	专业咨询服务行业
11	Masterson 等	2000	0.830 0	0.770 0	−0.260 0	651	−0.325 2	−0.337 5	0.039 3	教育行业
12	Tekleab 等	2005	0.840 0	0.850 0	−0.050 0	191	−0.059 2	−0.059 2	0.072 9	教育行业
13	Valentine 等	2006	0.870 0	0.900 0	−0.520 0	460	−0.587 7	−0.674 1	0.046 8	专业咨询服务行业
14	Wayne 等	1997	0.930 0	0.890 0	−0.630 0	252	−0.692 5	−0.852 7	0.063 4	服务业
15	陈东健 等	2009	0.890 0	0.570 0	−0.259 0	232	−0.363 6	−0.381 1	0.066 1	服务业
16	陈志霞	2006	0.835 0	0.790 8	NA	512	NA	−0.226 8	0.044 3	混合服务业
17	杜鸿儒 等	2006	0.920 0	0.900 0	−0.509 0	172	−0.559 4	−0.631 9	0.076 9	服务业

（续表）

No.	作者	年份	X Cronbach alpha	Y Cronbach alpha	相关系数	样本量	修正后的 r	Fisher's Z	SEz	样本所属行业
18	黄攸立等	2010	0.912 2	0.940 1	-0.347 0	347	-0.374 7	-0.393 9	0.053 9	混合服务业
19	蒋春燕	2007	0.920 0	0.900 0	-0.380 0	263	-0.417 6	-0.444 8	0.062 0	银行行业
20	李晓艳等	2012	0.820 0	0.829 0	NA	800	NA	-0.373 4	0.035 4	通信行业
21	赵延昇等	2012	0.929 0	0.651 0	-0.220 0	320	-0.282 9	-0.290 8	0.056 2	混合服务业

注：“/”表示因变量为客观数据；“NA”表示自变量或因变量或自变量和因变量为多维度测量，效应值为各维度的平均值；“服务业”表示文献仅提及服务行业或者职业，但未提及具体事务；“混合服务业”表示文献涉及多家企业且企业不属于同一行业但都属于服务业。

表 3-4 组织支持感与工作绩效元分析部分编码信息

NO.	作者	年份	X Cronbach alpha	Y Cronbach alpha	相关系数	样本量	修正后的 r	Fisher's Z	SEz	样本所属行业
1	Armeli 等	1998	0.840 0	/	NA	92	NA	0.095 3	0.106 0	公共安全行业
2	Bal 等	2010	0.910 0	0.880 0	NA	266	NA	0.252 1	0.061 7	服务业
3	Farh 等	2007	0.840 0	0.840 0	0.130 0	162	0.154 8	0.156 0	0.079 3	混合服务业
4	Hekman 等	2009	0.940 0	/	NA	133	NA	0.005 0	0.087 7	医疗健康行业
5	Hui 等	2007	0.710 0	0.890 0	0.180 0	116	0.226 4	0.230 4	0.094 1	制造业
6	Karatepe	2012	0.740 0	0.910 0	0.302 0	212	0.368 0	0.386 1	0.069 2	酒店业
7	Kraimer 等	2001	0.920 0	0.810 0	NA	213	NA	0.131 3	0.069 0	混合服务业
8	Kraimer 等	2004	0.900 0	0.850 0	NA	230	NA	0.089 0	0.066 4	混合服务业
9	Kuvaas	2008	0.820 0	0.820 0	0.170 0	591	0.207 3	0.210 4	0.041 2	银行行业

（续表）

NO.	作者	年份	X Cronbach alpha	Y Cronbach alpha	相关系数	样本量	修正后的 r	Fisher's Z	SE_z	样本所属行业
10	Lynch 等	1999	0.900 0	0.890 0	NA	300	NA	0.107 4	0.058 0	零售业
11	Lynch 等	1999	0.890 0	0.890 0	NA	211	NA	0.158 6	0.069 3	服务业
12	Muse 等	2008	0.930 0	0.940 0	NA	457	NA	0.162 1	0.046 9	医疗健康行业
13	Muse 等	2008	0.930 0	0.940 0	NA	263	NA	0.214 0	0.062 0	制造业
14	Rich 等	2010	0.920 0	0.915 0	NA	245	NA	0.309 6	0.064 3	公共安全行业
15	Shoss 等	2013	0.690 0	0.920 0	NA	254	NA	0.403 3	0.063 1	服务业
16	Shoss 等	2013	0.740 0	0.920 0	NA	187	NA	0.423 5	0.073 7	金融业
17	Stamper 等	2003	0.940 0	0.930 0	0.020 0	235	0.021 4	0.021 4	0.065 7	服务业
18	Takeuchi 等	2009	0.900 0	0.860 0	NA	110	NA	0.127 5	0.096 7	制造业
19	Wang 等	2007	0.880 0	0.880 0	0.150 0	148	0.170 5	0.172 1	0.083 0	制造业
20	白云涛 等	2008	0.900 0	0.940 0	NA	288	NA	0.115 2	0.059 2	混合服务业
21	陈志霞	2010	0.837 3	0.835 7	NA	626	NA	0.350 1	0.040 1	混合服务业
22	陈志霞 等	2008	0.844 5	0.835 7	NA	512	NA	0.364 3	0.044 3	混合服务业
23	罗丽玲	2009	0.734 0	0.838 0	NA	254	NA	0.490 4	0.063 1	混合服务业
24	宋峰	2007	0.892 0	0.892 3	NA	206	NA	0.649 4	0.070 2	混合服务业

注："*"表示因变量为客观数据；"NA"表示自变量或因变量为多维度测量，效应值为各维度的平均值；"服务业"表示文献仅及提服务行业或者职业，但未提及具体事务；"混合服务业"表示文献样本涉及多家企业且企业不属于同一行业但都属于服务业。

3.3 整体效应检验

3.3.1 偏倚性检验

进行 Meta 分析之前,首先需要进行偏倚性检验,即发表偏倚检验。发表偏倚(publication bias)是指由于研究者、评价者、编辑者在提交、接受、发表文献等诸方面的偏好时基于研究结果的方向和强度,从而导致的发表机会不同和对结果造成的影响。本书主要通过三种方法综合地检验分析样本是否存在发表偏倚,分别为"失去安全系数法"、"漏斗图法"和"Egger 线性回归法"。

失安全系数是由 Robert Rosenthal 在 1979 年提出的一种敏感性分析方法,具体而言,当 Meta 分析结果具有统计学意义时,计算需要多少阴性结果的报告(通常是没有统计学意义的阴性结果)才能使其结论逆转。Mullen 等人提出以 $N/(5k+10)$[①]指标进行定量判断,若该值大于 1,则结果稳健,发表偏倚可以忽略。而根据公式计算出的组织支持感与离职意愿的失安全系数 $\approx 9\ 778$,因此 $N/(5k+10)\approx 85>1$;组织支持感与工作绩效的失安全系数 $\approx 3\ 031$,因此 $N/(5k+10)\approx 22>1$,因此,从失安全系数的角度看,组织支持感与离职意愿和组织支持感和工作绩效的相关文献可以忽略发表偏倚。

漏斗图是一种直观且主观地判断分析文献是否存在发表偏倚的定性的评价方法,主要通过判断分析文献是否均匀地分布在中线两侧进行判断,但是对于漏斗图的对称性通常没有严格的限定,仅仅通过目测,不同的读者可能会得出不同的结果。组织支持感与离职意愿的漏斗图如图 3-1 所示,组织支持感与工作绩效的漏斗图如图 3-2 所示。

---

① $N=$ 失安全系数;$k=$ 效应值的数量。

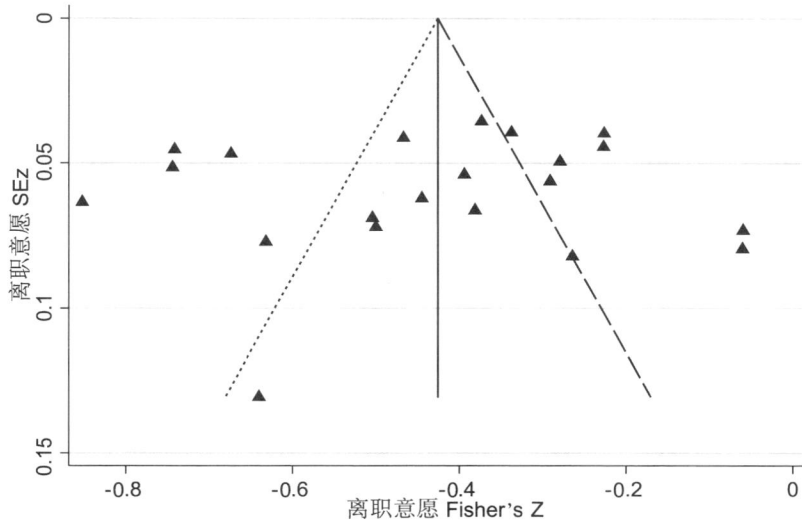

图 3-1　组织支持感与离职意愿的漏斗图

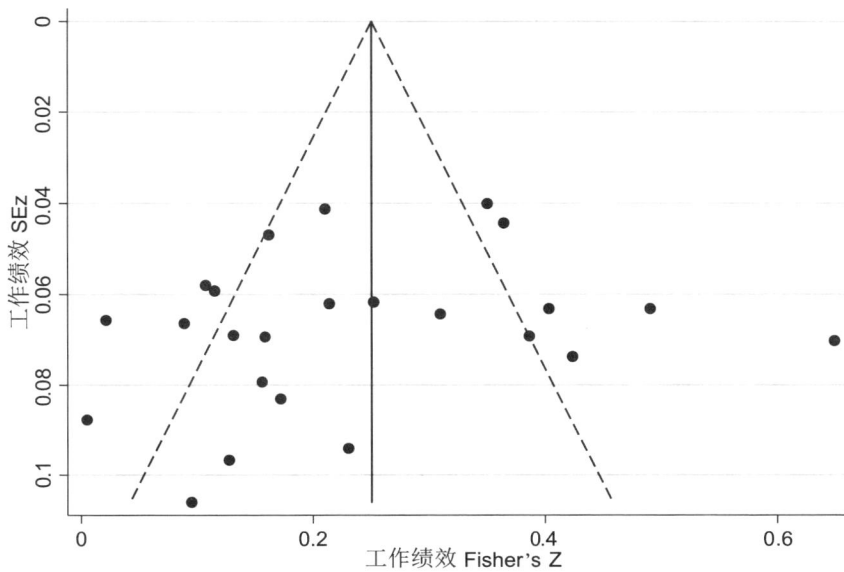

图 3-2　组织支持感与工作绩效的漏斗图

由图 3-1 可知,组织支持感与离职意愿的散点基本均匀分布在中线两侧,因此存在发表偏倚的可能性较小,而组织支持感与工作绩效的散点存在一定的左偏,具有发表偏倚的可能性,因此接下来采用定量方法——"Egger 线性回归法",Egger's 检验判断组织支持感与离职意愿和组织支持感与工作绩效是否存在发表偏倚。

组织支持感与离职意愿的 Egger's 检验结果如图 3-3 和表 3-5 所示,组织支持感与工作绩效的 Egger's 检验结果如图 3-4 和表 3-5 所示。在组织支持感与离职意愿中,bias 的 $P>|t|=0.753$,代表在组织支持感与离职意愿的 Meta 分析样本不存在明显的发表偏倚。在组织支持感与工作绩效中,bias 的 $P>|t|=0.351$,代表在组织支持感与工作绩效的 Meta 分析样本不存在明显的发表偏倚。

表 3-5　组织支持感与离职意愿和工作绩效的 Egger's 检验法计算结果

	Study N	Std_Eff	Coef.	Std. Err.	t	$P>\|t\|$	[95% Conf. Interval]	
离职意愿	21	slope	−0.375 1	0.164 5	−2.28	0.034	−0.719 5	−0.030 8
		bias	−0.987 3	3.096 8	−0.32	0.753	−7.469 0	5.494 4
工作绩效	24	slope	0.361 3	0.120 2	3.01	0.007	0.112 0	0.610 5
		bias	−1.847 8	1.937 6	−0.95	0.351	−5.866 2	2.170 5

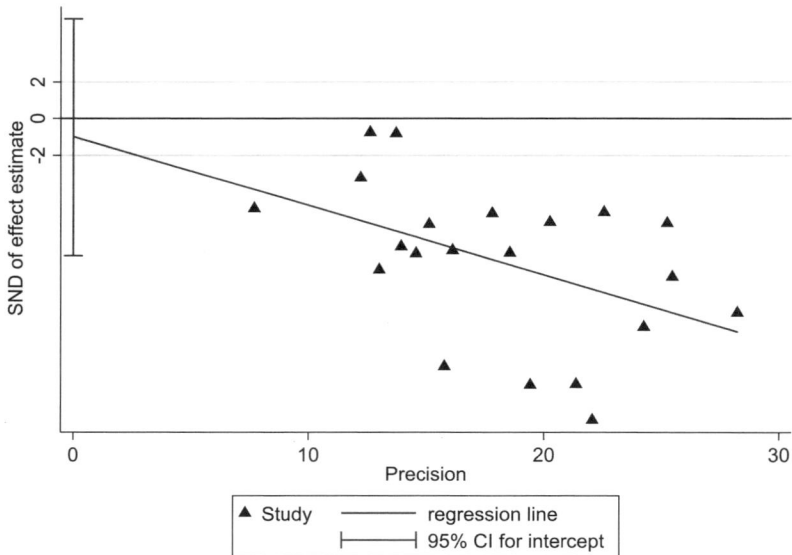

图 3-3　组织支持感与离职意愿的 Egger's 检验法回归图

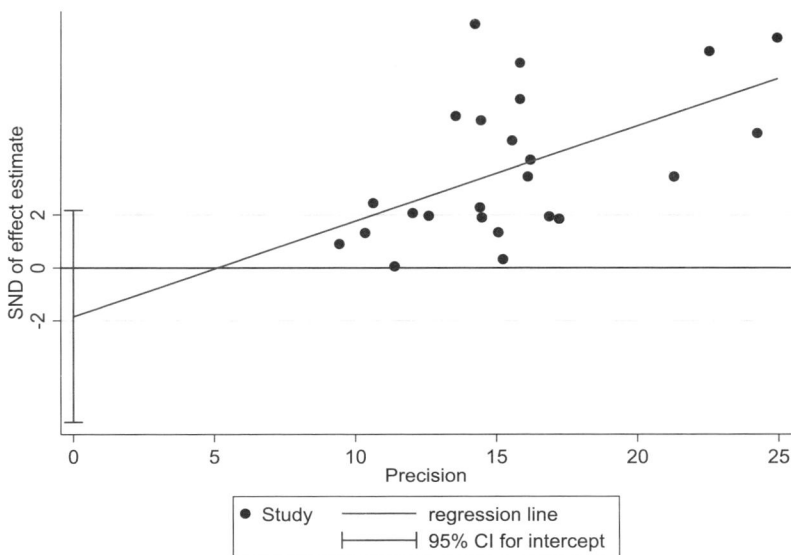

图 3-4　组织支持感与工作绩效的 Egger's 检验法回归图

　　综上所述,综合"失去安全系数法"、"漏斗图法"和"Egger 线性回归法"三者的结果,在组织支持感与离职意愿的 Meta 分析样本不存在明显的发表偏倚,并且在组织支持感与工作绩效的 Meta 分析样本也不存在明显的发表偏倚,因此,本章节的研究结论稳定可靠。

3.3.2　主效应检验

　　本节将对组织支持感和离职意愿的主效应和组织支持感和工作绩效的主效应进行 Meta 分析,分析结果如表 3-6 所示,组织支持感和离职意愿固定效应的森林图如图 3-5 所示,组织支持感和离职意愿随机效应的森林图如图 3-6 所示,组织支持感和工作绩效固定效应的森林图如图 3-7 所示,组织支持感和工作绩效随机效应的森林图如图 3-8 所示。

　　从组织支持感和离职意愿的固定效应模型的结果可知,从 21 个研究样本检验出组织支持感与离职意愿的相关系数为 -0.426,95% 的置信区间为 $[-0.448,-0.403]$,并且置信区间不包含 0。同质性检验的 Q 统计值反映出效应值在均值附近的分布情况,组织支持感和离职意愿的 Meta 分析研究中的 Q

值为 292.32，I-squared＝93.20％，且 $P=0.000<0.05$，表明纳入的研究间存在高度的异质性，意味着组织支持感与离职意愿之间的相关系数可能受到其他调节变量的影响。同时，Q 值与 $N-1$（N 为该研究效应值的总个数）相比，$Q>N-1(292.32>20)$。因此，组织支持感与离职意愿的 Meta 分析应该采用随机效应模型进行检验，具体分析结果也在表 3-6 中。据表 3-6 可知，随机效应模型计算的综合效应值为 -0.432，95％的置信区间为[-0.520，-0.343]，并且置信区间不包含 0，说明综合效应值在统计学上显著。按照 Cohen（1988）的建议，效应值≤0.10 为较小，效应值＝0.25 为中等，效应值≥0.40 为较大。因此，换言之，在一般意义上，组织支持感和离职意愿之间为较大的负相关关系，且相关系数为 -0.432。

从组织支持感和工作绩效的固定效应模型的结果可知，从 23 个研究样本检验出组织支持感与工作绩效的相关系数为 0.250，95％的置信区间为[0.225，0.275]，并且置信区间不包含 0。同质性检验的 Q 统计值反映出效应值在均值附近的分布情况，组织支持感和工作绩效的 Meta 分析研究中的 Q 值为128.51，I-squared＝82.10％，且 $P=0.000<0.05$，表明纳入的研究间存在高度的异质性，意味着组织支持感与工作绩效之间的相关系数可能受到其他调节变量的影响。同时，Q 值与 $N-1$（N 为该研究效应值的总个数）相比，$Q>N-1(128.51>23)$。因此，组织支持感与工作绩效的 Meta 分析应该采用随机效应模型进行检验，具体分析结果也在表 3-6 中。据表 3-6 可知，随机效应模型计算的综合效应值为 0.238，95％的置信区间为[0.178，0.298]，并且置信区间不包含 0，说明综合效应值在统计学上显著。按照 Cohen（1988）的建议，效应值≤0.10 为较小，效应值＝0.25 为中等，效应值≥0.40 为较大。因此，换言之，在一般意义上，组织支持感和工作绩效之间为正相关关系，相关性介于弱与中等之间，且相关系数为 0.238。

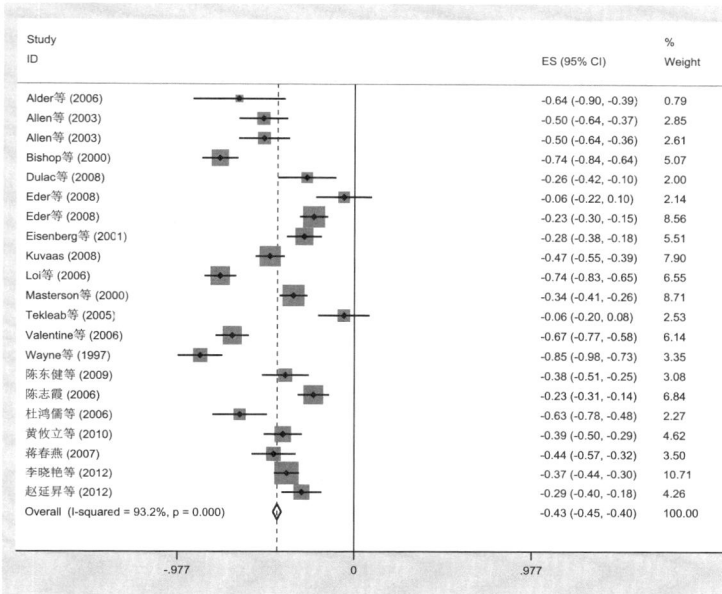

图 3-5　组织支持感和离职意愿固定效应的森林图

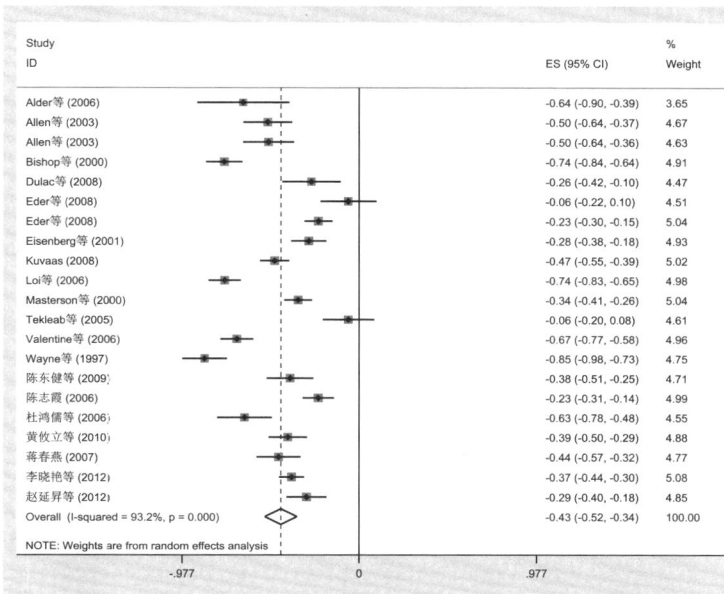

图 3-6　组织支持感和离职意愿随机效应的森林图

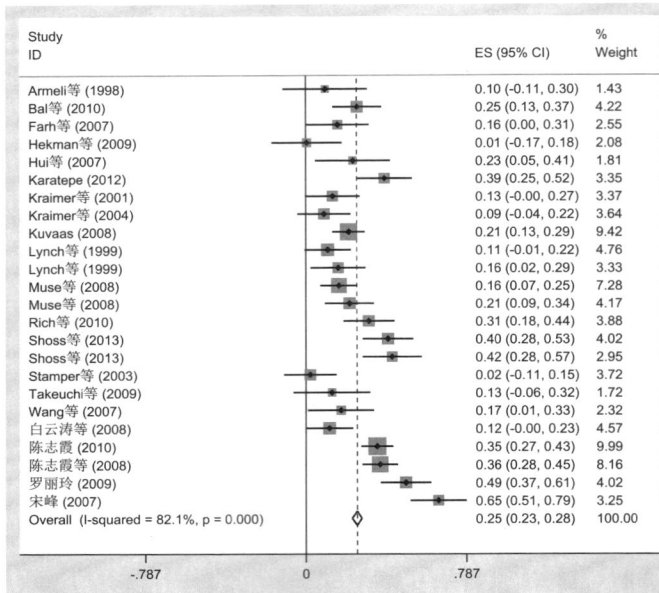

图 3-7　组织支持感和工作绩效固定效应的森林图

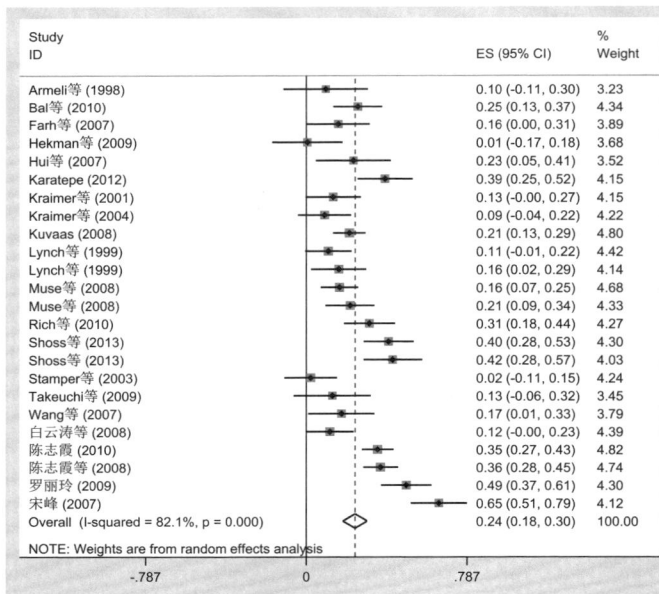

图 3-8　组织支持感和工作绩效随机效应的森林图

表 3-6　组织支持感与离职意愿和工作绩效 Meta 分析结果

	Model	Study N	Effect size	[95% Conf. Interval]		Test of null(2-Tail)		Heterogeneity			
						Z-value	P-value	Q-value	df(Q)	P-value	I-squared
离职意愿	固定效应模型	21	−0.426	−0.448	−0.403	36.7	0.000	292.32	20	0.000	93.20%
	随机效应模型	21	−0.432	−0.520	−0.343	9.55	0.000				
工作绩效	固定效应模型	24	0.250	0.225	0.275	19.77	0.000	128.51	23	0.000	82.10%
	随机效应模型	24	0.238	0.178	0.298	7.78	0.000				

3.4 本章小结

该研究在回顾众多前人对组织支持感与离职意愿和工作绩效的相关文献的基础上,发现前人诸多研究对组织支持感与离职意愿和工作绩效的相关影响并没有达成共识。因此,笔者分别以组织支持感与工作绩效 21 篇相关文献和组织支持感与离职意愿 19 篇相关文献为分析样本,通过元分析方法考察组织支持感对离职意愿和工作绩效的影响作用。

首先,偏倚性检验通过"失去安全系数法"、"漏斗图法"和"Egger 线性回归法"三种方法测试的结果综合表明在组织支持感与离职意愿的 Meta 分析样本不存在明显的发表偏倚,并且在组织支持感与工作绩效的 Meta 分析样本也不存在明显的发表偏倚,因此,本章节的研究结论稳定可靠。

其次,主效应检验研究结果表明,组织支持感与工作绩效之间和组织支持感与离职意愿之间存在较大的异质性,因此采用随机效应模型检验,并获得如下结果。组织支持感和离职意愿之间为较大的负相关关系,且相关系数为 −0.432;组织支持感和工作绩效之间为正相关关系,相关性介于弱与中等之间,且相关系数为 0.238。该结果同大部分学者的研究结果相似(例如 Guzzo 等人,1994[9];Masterson 等人,2000[131];倪昌红等人,2013[198];屈丽萍,2006[106];Armeli 等人,1998[219];Riggle 等人,2009[194];侯莉颖等人,2011[140];宋峰,

2007[190])。因此,笔者认为组织支持感对员工的离职意愿和工作绩效具有重要影响,企业相关管理者应该重视员工感知的组织支持,并给予员工合适的组织支持以确保企业的可持续发展。

最后,元分析结果表明,不同行业之间组织支持感的作用存在差异。从表3-3和表3-4可知,以往实证研究中行业虽然涉及零售业、银行业、健康医疗业、制造业等多个行业,但是并未涉及健身行业。因此,笔者认为基于健身行业重新审视员工的组织支持感的影响作用是非常有必要的。

第 4 章　　　个人—组织契合调节下
　　　　　　组织支持感对离职意愿的影响

当前,随着社会经济的高速发展,人们不再仅满足于衣食住行等基本需求,越来越多的人开始追求身心健康的高品质生活,健身活动已经成为很多人生活的一部分,健身行业在迅速发展的同时也面临着众多管理难题。如何通过"组织支持感"降低员工的离职意愿,这是组织管理研究人员的一个核心关注点,也是健身俱乐部管理者追求的目标之一。根据第3章元分析的结果显示,组织支持感能够显著影响员工的离职意愿。具体而言,员工感知到的组织支持能够降低他们的离职意愿。因此,这些结果表明,健身企业管理层应该花费大量资源于组织支持并致力于增加员工组织支持感。

但是,对健身俱乐部员工而言,更多的支持总是更好吗?基于社会交换理论和过犹不及理论[12][13],笔者提出,组织支持感与离职意愿之间的关系取决于个人—组织契合。具体而言,对于个人—组织契合较高的员工,组织支持感与离职意愿呈显著负相关。但是,对于个人—组织契合较低的员工而言,组织支持感与离职意愿之间的关系可能是非线性的,过高的组织支持感反而会提高员工的离职意愿。

因此,本章主要任务包括两个方面:一方面,从组织支持感的二维角度,探讨组织支持感对健身行业员工的离职意愿的影响作用,以及该作用如何受到个人—组织契合的调节作用影响。另一方面,探讨组织支持感对健身行业员工的离职意愿的具体作用机制。本章主要针对这两个问题进行研究和探讨。

4.1 模型构建与假设提出

4.1.1 组织支持感和离职意愿的关系

离职意愿指的是有意或故意离开组织的意愿。[244]根据 Mobley 等人(1978)的研究发现,离职意愿是唯一一个对离职行为有直接影响的变量。[191]类似地,Ferris 和 Aranya(1983)以及 Steel 和 Ovalle(1984)的研究发现,与工作满意度和组织承诺等情感变量相比,离职意愿在预测离职率方面更有效。[245][246]类似地,还有其他研究人员发现,员工离职意向与实际离职行为之间存在很强的直接前因关系。[247]

许多研究发现,组织支持感会对员工的工作态度和行为产生影响。在离职与留职方面,学者们大多数研究的是"组织支持感"对离职倾向或离职行为的影响,少数学者研究的是"组织支持感"对留职倾向或行为的影响。大部分学者经过实证研究表明,组织支持感与离职倾向或行为存在显著的负相关关系。Guzzo 等人(1994)通过实证研究发现组织支持感越强,提早离职的意愿就越弱。[9]Bishop 等人(2000)发现组织支持感与离职意向呈显著负相关关系,主要由组织承诺的中介效应导致。[193]Masterson 等人(2000)发现组织支持感与离职倾向呈显著负相关,程序性正义观通过感知组织支持的中介变量影响离职倾向。[131]Rhoades 等人(2001)发现组织支持感能够创造良好的工作环境并增加沟通交流,从而减少员工的离职行为。[125]Shaffer 等人(2001)发现感知组织支持和工作与家庭领域的相互作用对外派员工离职意愿有直接影响。[195]Eisenberger 等人(2001)表明组织支持感在正方向上与感知义务具有独特的相关性,并且与情感承诺和离职行为具有显著的直接关联,对离职行为显著负相关,并且又在 2002 年发现感知组织支持完全中介了感知主管支持与员工离职之间的负相关关系。[10][141]

Allen 等人(2003)研究表明人力资源实践(参与决策、奖励的公平性和成长机会)的支持有助于形成组织支持感,组织支持感与离职行为有负相关,但人力资源实践完全中介二者之间的关系。[113]Stamper 等人(2003)通过实证发现组织支持感对角色模糊性、角色冲突、工作满意度和留职意愿有较强的影响。[11]Loi 等人(2006)研究结果表明程序正义和分配正义都促进了组织支持感的产生,而组织支持感则介导了它们对组织承诺和离职意愿的影响。[38]Alder 等人(2006)研究表明事前通知和感知的组织支持对事后信任有显著的主要和交互作用,反过来,信任会显著影响员工的工作满意度、组织承诺和离职意愿。[188]Valentine 等人(2006)发现组织支持感将道德环境与工作反应联系起来,特别是离职倾向,与离职倾向显著负相关。[152]Maertz 等人(2007)发现组织支持感在通过规范承诺和情感组织承诺的作用下对离职倾向产生了显著的影响。此外,他们还发现了一种新的显著的交互关系,即低感知主管支持增强了组织支持感与离职倾向的负相关关系,而高感知主管支持削弱了这种负相关关系。[142]

Ng 等人(2008)在工作满意度和情感承诺的中介作用下,组织支持感对离职倾向显著负相关。[14]Dulac 等人(2008)通过实证发现心理契约违约在一定程度上介导了感知组织支持和领导—成员交换对离职意愿的影响,组织支持感和领导—成员交换调节了心理契约违约和违规之间的关系,心理契约违规行为完全调节了心理契约违约行为对承诺和信任的影响,并部分地调节了心理契约违约对离职意向的影响。[192]Eder 等人(2008)通过实证表明高感知组织支持(POS)消除了工作组成员和个人迟到之间的关系,高组织支持感降低了工作组成员离职和个人离职之间的关系。[162]Riggle 等人(2009)发现感知组织支持对离职意愿显著负相关,其研究结果还表明,非一线员工的组织支持效应更为显著。[194]Baran 等人(2012)实证表明组织支持感对离职意向显著负相关,并在感知义务、社会情感需求满足和工作绩效预期的调节作用下为直接影响。[134]Kurtessis 等人(2015)通过元分析发现组织支持感与留职意愿正相关,与离职意图负相关。[124]

4.1.2 个人—组织契合的调节作用

个人—组织契合表示员工和组织之间的一致性相关联,而不是明确的个人与组织的关系。具体而言,个人—组织契合在一个或多个相称的维度上解决了个人和组织的兼容性、匹配性、相似性或对应性。[43]当从需求/供应的角度描述契合性时,需求满足理论可能更为合适,也就是说,契合性是由提供个人需求或希望的组织实现的,从这个角度看,契合被称为"互补"契合。[53]Edwards 和 Shipp(2007)指出,当一个人的工作条件满足他/她的显著需求时,互补个人—组织契合就会更高。[54]

选择目标、价值观和个性与组织的目标、价值观和个性相匹配的员工(称为个人—组织契合)通常被认为是保持生产力和忠诚的劳动力的关键因素。[43]具有较高个人—组织契合水平的人:(a)具有较高的组织承诺水平[55]、工作满意度(Cable 和 Judge,1996[56];Lovelace 和 Rosen,1996[57];Saks 和 Ashforth,1997[58])和工作表现(Bretz 和 Judge,1994[52]);(b)改善了个人健康和适应(Moos,

1987[59]）；（c）表明离开组织的意愿更少（Chatman，1991[60]；Vancouver 和 Schmitt，1991[61]）。

契合文献中大部分研究用个人和组织属性之间的相似性或一致性来定义契合。然而，也有学者提出，个人—组织契合可能不是由于相似或一致，而是由于个人和组织特征之间的互补关系。[53]换句话说，个人可以通过拥有、增加或补充组织特征的独特特征来融入组织。虽然两种契合的概念在文献中都有论述，但个人—组织契合仍被广泛认为是个人和组织属性相似性或一致性的产物，而契合可能来自个人和组织的互补（补充契合）的可能性在很大程度上尚未得到更深入的研究探讨。

本书采用组织价值一致理论来解释个人—组织契合的调节作用。价值观与组织文化的重要组成部分相关联，影响个人—组织契合水平。[62]当个人和组织的价值观彼此一致时，会导致员工更积极的工作行为和获得更佳的组织成果，这都是个人组织价值观契合的产物。[62]因此，价值观的契合对于基于个人—组织契合和组织支持感的工作结果至关重要。Posner（2010）提出，个人的核心是价值体系，这个价值体系指导他们如何做出某些选择、信任谁、回应他们的呼吁，以及他们的时间和精力投入。[62]从组织的角度来看，价值观在工作文化中实现的方式是遵循企业目标并愿意为此奠定基础，以及如何在组织的每个层次上默默地做出日常决策。[62]每个组织都有一个既定的价值体系，它规定了员工在工作场所应该做出何种行为或决策，当员工能够在这样一个支持他或她个人价值观的环境中发挥作用时，就存在价值一致性。[63]在个人—组织契合中，组织或个人都能够提供其他人需要的东西，或者在价值一致的情况下，双方共享相似的基本特征，从而使契合共存。[62]根据 Posner 关于组织价值一致性的理念，公司领导者应该寻找那些与组织价值观相似的潜在管理者。[62]此外，组织领导者应该积极主动地寻找方法，以留住那些在公司中表现出与组织价值观密切相关或相似的员工。[62]

当个人的价值观和组织的价值相符时，员工之间可以在正式或非正式场合公开交流个人看法或组织观念等内容。[64]研究表明，同事之间交流的增加导致会减少彼此沟通过程中的误解，并且表明价值观一致的人通常会利用类似的认知处理或解释语言和非语言信号。[64]角色混淆程度的降低也被发现与沟通有关,具有共同价值观的员工通过分配有利于组织目标、政策和程序的优先级,能够更有效地处理角色混乱。[64]根据对价值一致性的广泛研究,人们认为,在人际关系和社会相似性之间构成了信任,这会促进更高的诚信信念,这导致个人接受和决定基于组织政策或原则下哪些情境行为是对是错。[64]

当个人价值观与组织价值一致性越高时,个人—组织契合程度越高,从而产生了团队合作、创造力、创新和积极的工作氛围。[60]在这种工作氛围下工作的员工会感到更加幸福,并更有可能产生积极的工作行为。所以,当个人—组织契合程度较高时,员工感受到的组织支持感会提高其对公司的组织承诺并降低员工的工作倦怠程度,进而降低离职意愿。

然而,对于个人—组织契合较低的员工,笔者提出感知组织支持对离职意愿的影响作用呈非线性关系。这主要是基于 Pierce 和 Aguinis(2013)的过犹不及理论。[13]过犹不及理论认为,与有利后果相关的高水平的预测变量可能达到阈值效应,甚至会导致负面结果,因为"更多并不总是更好"。具体而言,在本章的研究背景健身行业中,当员工的个人—组织契合度较低时,员工与组织具有相悖的价值观,这会导致员工与组织之间不相容。[73][15]在这种情况下,如果员工感知到非常高水平的组织支持,他们也只会偿还其感知应当偿还的组织支持而不是对等付出,而且他们感知到组织给予的高水平支持的同时,也会给他们带来一定的压力,这可能会导致一种高原效应(plateau effect),即员工感知到过高的组织支持会使得他们产生一定程度上的离职意愿。换句话说,在员工的个人—组织契合较低的情况下,员工感知的组织支持感对员工行为的影响存在一个阈值,当超过这个阈值时,组织支持感反而会起到相反的作用。

综上,基于 4.1.2 节的文献研究提出如下三个研究假设:

H4.1:个人—组织契合能够调节组织支持感对离职意愿的作用。

H4.1a:当个人—组织契合高时,组织支持感能够降低员工的离职意愿。

H4.1b:当个人—组织契合低时,组织支持感对离职意愿呈现曲线作用。

4.1.3 组织承诺的中介作用

"组织承诺"是组织理论中一个非常重要的变量。当个人目标和组织目标达成一致成为一个整体时,这被称为承诺。[248]同样,Allen 和 Meyer(1990)认为承诺是一种将个人和组织联系在一起的心理状态。"组织承诺"旨在解释与态度、信仰和行为相关的一致性。[249] Meyer 和 Allen(1991)提出三维度的组织承诺模型,包括情感承诺、持续承诺和规范承诺。[250]

许多研究发现,感知组织支持(POS)和组织承诺之间有很强的联系(Eisenberger 等人,1990[8];Rhoades 等人,2001[125];Settoon 等人,1996[80];Shore 和 Tetrick,1991[251];Shore 和 Wayne,1993[36])。Shouksmith(1994)在其研究中发现,组织支持感和情感承诺、持续承诺及规范承诺均有相关关系。根据组织支持理论,组织支持感所蕴含的关怀、认同和尊重应满足社会情感需求,使员工将组织成员身份和角色地位融入社会认同中,进而增强员工对组织的情感承诺。[5][219][252]因此,组织支持感应该有助于提高员工的情感承诺。[7] Eisenberger 等人(2001)发现组织支持感是一种基于经验的归因,它涉及组织政策、规范、程序和行为的善意意图或恶意意图,因为这些意图会影响员工帮助组织实现其目标的规范性信念,增强员工的规范承诺。[10] Shore 和 Tetrick(1991)认为,组织支持感可能会减少员工因离职成本过高而被迫留在公司的想法,进而提高员工对公司的持续承诺。[251]

Mowday 等人(1982)的研究指出,员工的组织承诺可以表示其继续为组织工作的意愿。[248]大量的实证研究表明,员工的组织承诺与他/她的离职意愿之间存在显著负相关关系。例如,Chang(1999)在对韩国 8 家商业研究机构的255 名研究人员的研究中发现,情感承诺和持续承诺对离职意愿均有显著的负向影响,且情感承诺与离职意愿之间的负向影响更强。[253] Meyer 等人(2012)通过采用一系列的元分析检验表明组织承诺和离职意愿等变量之间的相关性。最终其研究结果表明,组织承诺模型中的情感承诺、持续承诺和规范承诺皆与离职倾向呈显著负相关,但相关联的强度不同。[254]

类似地,Meyer 和 Herscovitch(2001)的研究表明规范承诺、持续承诺和情感承诺均能预测员工的离职意愿。[255]Meyer 和 Herscovitch(2001)在解释情感承诺与离职意图之间的关系时提出,对于所有的承诺思维模式而言,承诺的约束力并不是平等的。具体而言,那些主要出于愿望而承诺的人可能比另一些主要出于义务或避免成本而承诺的人更倾向于履行他们的承诺。他们指出,那些主要致力于避免因离开而付出巨大代价的人可能会更倾向于设法摆脱他们的承诺。从同样的角度理解,如果承诺是出于完成重要项目的坚定信念或意愿,个人觉得应该对管理者或组织负责,并履行完成项目的义务,他们就更倾向于寻找某种方式以更快的速度或更少的时间去履行他/她的义务。因此,Meyer 和 Herscovitch(2001)提出,规范承诺、持续承诺、情感承诺与离职意愿有显著的负向相关关系。[255]

综上,基于4.1.3节的文献研究提出如下研究假设:

H4.2:组织承诺中介组织支持感对离职意愿的作用。

4.1.4 工作倦怠的中介作用

"职业倦怠"这一概念最初是由 Freudenberger(1975)提出的,其用于描述一种状态。[256]具体而言,这是人们为了追求一种不可能实现的期望而使自己疲惫不堪的状态,而这种期望要么是由本人引起的,要么是由另一个人引起的。在这个概念的基础上,Freudenberger(1983)将倦怠定义为一个过程,在这个过程中,人们由于多次尝试实现期望而消耗了大量身心资源,但最终期望并没有实现,身心资源也消耗殆尽,进而产生的心理感受为倦怠。[257]Freudenberger(1983)认为,个人的不切实际的期望可能源于外部,例如由社会、工作或其他人等因素强加于自身,或源于内部,例如由于个人的个人特征或自我等因素强加于自身。[257]

本书的文献研究发现,在与倦怠有关的文献中社会支持对倦怠的影响得到了广泛的关注。[6]例如,Cherniss(1980)认为个人的幸福感在很大程度上受到他们所感受到的社会支持程度的影响。组织理论认为工作倦怠是对职业压力做出的反应,其不仅源于生产方式,在组织研究中更重要的影响因素是公司/机构的组织和结构。[258]各种研究表明,那些与工作相关的问题在更庞大的组织中更为常见,如角色冲突、角色定义不足以及有限的同事支持等已经被证明相较于员工的个人特征(如教育程度、自尊)或员工与客户/患者联系,它们能够更好地预测倦怠的原因。[259]其他研究还表明,如果个人的地位较低,例如低工资收入和不良的职业潜力,这也会影响(增加)工作压力,进而产生职业倦怠。[260]

大量的实证研究已经证实获得社会支持较少的员工更容易产生倦怠。[260]缺乏工作场所社会支持已被证实与较少的同事沟通和更多的角色冲突有关,从而导致更高水平的工作倦怠。[261]相反地,足够的工作支持可以帮助员工减轻与工作相关的倦怠。总而言之,虽然与工作相关的工作倦怠通常是组织环境中发现的最普遍的工作问题,但基于大量实证研究的经验证据表明,只要能感知到强烈的组织社会支持,个人的工作压力就会得到减轻,从而减少工作倦怠发生的可能性。

另一方面,研究表明,工作倦怠是人员流动的重要因素。例如,Leiter 和 Maslach(2009)进行了一项实证研究,其目的是确定工作倦怠是否可以预测员工的离职率。这项研究发现工作量、控制、奖励、社区、公平和价值观等变量与工作倦怠有密切的相关性,并证实工作倦怠是员工离职倾向的预测指标,也是调节工作场所因素对离职意愿影响的结果。[262]与 Leiter 和 Maslach(2009)[262]类似,Ohue 等人(2011)在其研究中建立了工作倦怠、压力和离职意愿的结构方程模型,研究结果表明,那些表示想要离职的员工具有较高的职业倦怠水平,而那些想继续在本单位工作的员工则具有较低的职业倦怠水平。[263]基于其研究发现,Ohue 等人(2011)得出离职意愿较高的员工可能会出现倦怠综合征的结论,他们认为为了减少组织人员的流失,采取预防工作倦怠的措施是必要的。[263]

Harwood 等人(2010)采用马斯拉克职业倦怠量表对员工工作倦怠进行调查。研究结果表明,42%的被调查者表示曾经或现在经历着严重的情绪衰竭,23%的被调查者表示经历了严重的犬儒主义。这些研究结果表明超过 60%的被调查者具有高水平的职业倦怠。[264]Harwood 等人(2010)的结果还表示,倦怠、情绪衰竭和身体不适三个维度与离职意图皆有显著相关性。[264]Sawatzky 和 Enns(2012)进行了一项探究影响急诊护士留职率因素的研究,该研究以 261 名急诊注册护士为样本,发现较高的职业倦怠水平是导致离职意愿的一个重要影响因素。[265]

综上,基于 4.1.4 节的文献研究提出如下研究假设:

H4.3:工作倦怠中介组织支持感对离职意愿的作用。

4.2 研究方法

4.2.1 数据收集

为了验证研究提出的假设,笔者采用问卷调查法收集研究样本的数据。研究的数据样本覆盖上海多个健身企业或健身组织,问卷调查员以现场发放问卷并当场回收问卷的方式进行数据收集。整个问卷调查的过程一共发放问卷 350 份,回收问卷 350 份。首先,为了确保回收问卷的有效性,问卷题项中设置了一些反向题用来排除不认真回答问卷的被访者,例如"我计划在这个单位做长期的职业发展""对目前的工作我时常觉得厌烦而想换个新的单位"。如果被访者反向题答案与其相关题项答案矛盾的问卷则被视为无效问卷。[266]其次,问卷答复明显具有某些规律性的问卷也被判为无效问卷,例如问卷答案均为某一相同选项。经过筛选之后,回收的 350 份问卷中最后一共 329 份有效问卷,问卷有效率为 94%。329 份问卷即为本书的分析样本,分析样本数据的描述性统计如表 4-1 所示。

表 4-1 分析样本数据的描述性($N=329$)

基本资料	分类项目	人数/人	百分比/%
性别	男	283	86.0
	女	46	14.0
年龄	20 岁及以下	44	13.4
	21—25 岁	115	35.0
	26—30 岁	81	24.6
	31—35 岁	59	17.9
	36 岁及以上	30	9.1

（续表）

基本资料	分类项目	人数/人	百分比/%
受教育程度	高中及以下	28	8.5
	专科	26	7.9
	本科	262	79.6
	硕士及以上	13	4.0
婚姻状况	未婚	183	55.6
	已婚	146	44.4
本岗工作年限	1 年以内	22	6.7
	1—2 年	108	32.8
	2—3 年	90	27.4
	3—4 年	52	15.8
	4 年及以上	57	17.3
职位	普通教练	221	67.2
	教练总监	67	20.4
	企业管理者	41	12.5
月收入	5 000 元及以下	25	7.6
	5001—7500 元	62	18.8
	7501—10000 元	120	36.5
	10001—12500 元	86	26.1
	12500 元以上	36	10.9

4.2.2 测量工具

本书所涉及的变量包含组织支持感、组织承诺、工作倦怠、离职意愿和员工组织契合。为了确保这些变量的测量量表具有较优的内容效度和结构效度，本书测量这些变量的量表均采用国内外著名期刊上的成熟量表。例如，组织支持感的测量量表的题项参考了 Eisenberger(1986)[5]、McMillin(1997)[267]、陈志霞和陈剑峰(2008)[85]以及陈志霞和陈传红(2010)[86]所使用的组织支持感测量量表；组织承诺的测量量表则采用 Wang 等人(2018)[268]开发的组织承诺量表，该量表参考了 Allen 和 Meyer(1990)[249]开发的组织承诺问卷，并且适用于测量中国组织承诺；工作倦怠的测量量表参考了 Maslach(1981)[259]、李超平(2003)[269]、张辉和牛振邦(2013)[270]使用的工作倦怠量表；离职意愿的测量量表参考了 Mobley(1978)[244]、翁清雄和席酉民(2010)[271]、程垦和林英晖

(2017)[272]使用的离职意愿量表;个人—组织契合的测量量表采用 Resick 等人(2007)[273]开发的个人—组织契合量表,该量表参考了 Cable 和 Judge(1996)[56]、Saks 和 Ashforth(1997)[58]开发的个人—组织契合量表。

其次,为了保证各个量表翻译的准确性,笔者根据 Brislin(1970)的方法采用翻译和回译(translation and back-translation)的方式进行量表翻译。[274]按照 Brislin(1970)的建议,笔者首先邀请了一位母语为中文,另一位母语为英文的管理学院留学生研究生,其中一位研究生将相关的英文成熟量表翻译成中文量表,而另外一位研究生将前者翻译好的中文量表再翻译成英文量表。[274]接着,笔者邀请了 1 位相关领域的教授、2 位博士生和 5 位硕士生,对 5 个变量的量表的翻译表述准确性进行了研讨和修正,并且确保 5 个量表的题项符合研究情境。最后,笔者邀请了 5 名在上海从事健身事业的教练填写问卷,并针对被调查者在填写问卷中提出的每个问题或疑惑进行仔细修改及修订,以确保 5 个变量量表中每个题项能被被调查者较好地理解。

(1)情感性组织支持感的测量

本书中组织支持感量表(表 4-2)参考了 Eisenberger(1986)[5]、McMillin(1997)[267]、陈志霞和陈剑峰(2008)[85]以及陈志霞和陈传红(2010)[86]所使用的组织支持感量表,并且量表采用李克特 7 级量表:1=非常不同意;2=不同意;3=比较不同意;4=不清楚;5=比较同意;6=同意;7=非常同意。情感性组织支持感量表包含 7 个条目,总体得分越高,说明被访者感受到的情感性组织支持感越高。情感性组织支持感量表详情见附录 3。

表 4-2 情感性组织支持感测量量表

编号	测量题项
AFF01	单位关心我的福利
AFF02	单位尊重我的意见
AFF03	当我在工作中遇到困难时,单位会帮助我
AFF04	当我在生活上遇到困难时,单位会尽力帮助我
AFF05	单位尊重我的目标和价值

（续表）

编号	测量题项
AFF06	单位关心我的个人发展
AFF07	单位关心我的个人感受

（2）工具性组织支持感的测量

与情感性组织支持感相似，本书中工具性组织支持感量表（表 4-3）也参考了 Eisenberger（1986）[5]、McMillin（1997）[267]、陈志霞和陈剑峰（2008）[85]以及陈志霞和陈传红（2010）[86]所使用的组织支持感量表，并且量表也采用李克特 7 级量表：1＝非常不同意；2＝不同意；3＝比较不同意；4＝不清楚；5＝比较同意；6＝同意；7＝非常同意。工具性组织支持感量表包含 3 个条目，总体得分越高，说明被访者感受到的工具性组织支持感越高。

表 4-3　工具性组织支持感量

编号	测量题项
INS01	单位为我提供良好的工作环境和条件设施
INS02	单位为我提供工作所需的人员和资讯支持
INS03	单位为我提供工作所需的培训或相关支持

（3）组织承诺的测量

本书中"组织承诺"变量采用 Wang 等人（2018）[268]开发的组织承诺量表（表 4-4）测度，该量表参考了 Allen 和 Meyer（1990）[249]开发的组织承诺问卷，并且经过修订后适用于测量中国组织承诺。量表采用李克特 7 级量表：1＝非常不同意；2＝不同意；3＝比较不同意；4＝不清楚；5＝比较同意；6＝同意；7＝非常同意。量表包含 3 个维度，即情感承诺、持续承诺和规范承诺，情感承诺包含 5 个题项，持续承诺包含 4 个题项，规范承诺包含 3 个题项。整个量表包含 12 个条目，总体得分越高，说明被访者组织承诺越高。

表 4-4　组织承诺测量量表

编号	测量题项
ACO01	现工作单位的问题就是我的问题
ACO02	我对现工作单位有强烈的归属感
ACO03	我对自己的工作单位在感情上非常依恋

（续表）

编号	测量题项
ACO04	现工作单位对我很重要
ACO05	提起自己的工作单位我感到自豪
CCO01	我留在本单位并为其努力工作是因为没有什么其他好的选择
CCO02	我留在本单位并为其努力工作是因为如果离开现单位损失太大
CCO03	如果我离开本单位我会失去现在的地位
CCO04	如果我离开本单位我的生活会受到影响
NCO01	我留在本单位并为其努力工作是因为对单位有义务
NCO02	即使现在有个更好的单位让我选择，我也不会离开本单位
NCO03	如果我离开本单位，我就成为一个失信的人

（4）工作倦怠的测量

本书中工作倦怠测量量表（表4-5）参考了 Maslach（1981）[259]、李超平（2003）[269]、张辉和牛振邦（2013）[270]所使用的工作倦怠量表。量表采用李克特7级量表：1=非常不同意；2=不同意；3=比较不同意；4=不清楚；5=比较同意；6=同意；7=非常同意。量表包含3个维度，即情绪衰竭、去人性化和成就感低落，情绪衰竭包含5个题项，去人性化包含4个题项，成就感低落包含6个题项。整个量表包含15个条目，其中第10到第15条题项为反向计分，负向条目得分用8减去其得分后为最后得分。同样地，总体得分越高，说明被访者的工作倦怠程度越高。

表4-5　工作倦怠测量量表

编号	测量题项
QBU01	工作让我感觉身心疲惫
QBU02	下班的时候我感觉精疲力竭
QBU03	早晨起床不得不面对一天的工作时，我感觉非常累
QBU04	整天工作对我来说确实压力很大
QBU05	工作让我有快要崩溃的感觉
WBU01	自从我开始干这份工作，我对工作越来越不感兴趣

（续表）

编号	测量题项
WBU02	我对工作不像以前那样热心了
WBU03	我怀疑自己所做的工作的意义
WBU04	我对自己所做的工作是否有贡献越来越不关心
CBU01	我能有效地解决我工作中出现的问题
CBU02	我觉得我在为单位做有用的贡献
CBU03	在我看来,我擅长自己的工作
CBU04	当完成工作中的一些事情时,我感到非常高兴
CBU05	我感到我完成了很多有价值的工作
CBU06	我自信自己能有效地完成这项工作

（5）离职意愿的测量

本书中变量"离职意愿"的测量量表（表 4-6）参考了 Mobley(1978)、[244]翁清雄和席酉民(2010)、[271]程垦和林英晖(2017)[272]所使用的离职意愿量表。量表采用李克特 7 级量表:1＝非常不同意;2＝不同意;3＝比较不同意;4＝不清楚;5＝比较同意;6＝同意;7＝非常同意。量表包含 4 个条目,其中第 1 和第 2 条题项为反向计分,负向题项得分用 8 减去其得分后为最后得分。同理,总体得分越高,说明被访者的离职意愿越强。

表 4-6　离职意愿测量量表

编号	测量题项
INT01	我基本上没有想过离开目前这个单位
INT02	我计划在这个单位作长期的职业发展
INT03	对目前的工作我时常觉得厌烦而想换个新的单位
INT04	在未来半年内,我很可能会离开目前这个单位

（6）个人—组织契合的测量

本书的个人—组织契合测量量表（表 4-7）采用 Resick 等人(2007)[273]开发的个人—组织契合量表,该量表参考了 Cable 和 Judge(1996)、[56]Saks 和 Ashforth(1997)[58]开发的个人—组织契合问卷。量表采用李克特 7 级量表:

1＝非常不同意；2＝不同意；3＝比较不同意；4＝不清楚；5＝比较同意；6＝同意；7＝非常同意。量表包含5个题项，总体得分越高，说明被访者的个人—组织契合越强。

表 4-7　个人—组织契合测量量表

编号	测量题项
FIT01	我感觉我的价值观和这个单位以及单位目前的员工的价值观非常符合
FIT02	我认为这个单位的价值观和个性反映了我自己的价值观和个性
FIT03	这个单位的价值观和我自己的价值观非常相近
FIT04	我的价值观和这个单位目前的员工的价值观很契合
FIT05	我感觉我的个性和这个单位的个性或形象非常匹配

4.2.3 信度和效度检验

（1）情感性组织支持感的信度效度分析

笔者采用 SPSS 22 软件对变量"情感性组织支持感"进行信度检验和因子分析。具体分析结果由表 4-8 所示，变量"情感性组织支持感"的 Cronbach α 系数为 0.970，组合信为 0.975，皆大于良好标准 0.9，表示变量"情感性组织支持感"的测量结果信度良好。变量"情感性组织支持感"的 KMO 值为 0.941，Bartlett 检验卡方值的显著性概率 $p < 0.001$，因此符合因子分析的要求。此外，根据因子分析结果显示，变量"情感性组织支持感"中每个题项的因子载荷都大于 0.800，并且都处在同一个维度上，因此，不需剔除任何题项。

表 4-8　情感性组织支持感的因子分析和信度检验结果（$N = 329$）

测量条款	因子载荷	信度
AFF01	0.893	Cronbach α＝0.970
AFF02	0.919	组合信度＝0.975
AFF03	0.935	
AFF04	0.922	
AFF05	0.929	

（续表）

测量条款	因子载荷	信度
AFF06	0.929	
AFF07	0.911	
累计方差百分比	84.6%	
KMO	0.941	
Bartlett 检验卡方值	· 2 874.995	
显著性概率 Sig.	0.000	

（2）工具性组织支持感的信度效度分析

笔者采用 SPSS 22 软件对变量"工具性组织支持感"进行信度检验和因子分析。具体分析结果由表 4-9 所示，变量"工具性组织支持感"的 Cronbach α 系数为 0.882，组合信度为 0.927，表说明变量"情感性组织支持感"的测量结果具有良好的信度。变量"工具性组织支持感"的 KMO 值为 0.742，Bartlett 检验卡方值的显著性概率 $p < 0.001$，因此符合因子分析的要求。此外，根据因子分析结果显示，变量"工具性组织支持感"中每个题项的因子载荷都大于 0.800，并且都处在同一个维度上，因此，不需剔除任何题项。

表 4-9　工具性组织支持感的因子分析和信度检验结果（$N = 329$）

测量条款	因子载荷	信度
INS01	0.904	Cronbach $\alpha = 0.882$
INS02	0.909	组合信度 $= 0.927$
INS03	0.886	
累计方差百分比	80.9%	
KMO	0.742	
Bartlett 检验卡方值	532.121	
显著性概率 Sig.	0.000	

（3）组织承诺的信度效度分析

表 4-10　组织承诺的因子分析和信度检验结果（$N = 329$）

测量条款	因子载荷 1	因子载荷 2	因子载荷 3	信度
ACO01	0.768	0.200	0.331	Cronbach $\alpha = 0.927$

（续表）

测量条款	因子载荷 1	因子载荷 2	因子载荷 3	信度
ACO02	0.622	0.266	0.476	组合信度＝0.961
ACO03	0.810	0.237	0.341	
ACO04	0.796	0.338	0.119	
ACO05	0.782	0.223	0.263	
CCO01	0.230	0.835	0.226	
CCO02	0.220	0.884	0.196	
CCO03	0.222	0.829	0.110	
CCO04	0.255	0.792	0.139	
NCO01	0.334	0.200	0.802	
NCO02	0.249	0.179	0.883	
NCO03	0.280	0.168	0.864	
累计方差百分比	78.3%			
KMO	0.907			
Bartlett 检验卡方值	3021.156			
显著性概率 Sig.	0.000			

　　笔者采用 SPSS 22 软件对变量"组织承诺"进行信度检验和因子分析。由表 4-10 可知，变量"组织承诺"的 Cronbach α 系数为 0.927，组合信度为 0.961，皆大于良好标准 0.9，表示变量"组织承诺"的测量结果信度良好。变量"组织承诺"的 KMO 值为 0.907，Bartlett 检验卡方值的显著性概率 $p < 0.001$，因此符合因子分析的要求。此外，根据因子分析结果显示，变量"组织承诺"每个题项经过正交旋转后的因子载荷都大于 0.6，并且在其对应的维度上，因此，不需剔除任何题项。

（4）工作倦怠的信度效度分析

表 4-11　工作倦怠的因子分析和信度检验结果（$N＝329$）

测量条款	因子载荷 1	因子载荷 2	因子载荷 3	信度
QBU01	0.112	0.858	0.191	Cronbach α＝0.918
QBU02	0.088	0.876	0.226	组合信度＝0.962

（续表）

测量条款	因子载荷 1	因子载荷 2	因子载荷 3	信度
QBU03	0.128	0.775	0.412	
QBU04	0.129	0.756	0.388	
QBU05	0.196	0.629	0.470	
WBU01	0.136	0.464	0.725	
WBU02	0.174	0.321	0.816	
WBU03	0.173	0.321	0.827	
WBU04	0.180	0.265	0.807	
CBU01	0.825	0.160	0.000	
CBU02	0.808	0.068	0.060	
CBU03	0.813	0.071	0.144	
CBU04	0.701	0.154	0.197	
CBU05	0.801	0.051	0.203	
CBU06	0.832	0.103	0.153	
累计方差百分比	72.8%			
KMO	0.902			
Bartlett 检验卡方值	3518.499			
显著性概率 Sig.	0.000			

笔者采用 SPSS 22 软件对变量"工作倦怠"进行信度检验和因子分析。由表 4-11 可知,变量"工作倦怠"的 Cronbach α 系数为 0.918,组合信度为 0.962,皆大于良好标准 0.9,表示变量"工作倦怠"的测量结果信度良好。变量"工作倦怠"的 KMO 值为 0.902,Bartlett 检验卡方值的显著性概率 $p < 0.001$,因此符合因子分析的要求。此外,根据因子分析结果显示,变量"工作倦怠"每个题项经过正交旋转后的因子载荷都大于 0.6,并且在其对应的维度上,因此,不需剔除任何题项。

（5）离职意愿的信度效度分析

笔者采用 SPSS 22 软件对变量"离职意愿"进行信度检验和因子分析。具体分析结果由表 4-12 所示,变量"离职意愿"的 Cronbach α 系数为 0.914,组合信度为 0.940,皆大于良好标准值 0.9,说明变量"离职意愿"测量结果具有良好的信度。变量"离职意愿"的 KMO 值为 0.835,Bartlett 检验卡方值的显著性概率 $p < 0.001$,因此符合因子分析的要求。此外,根据因子分析结果显示,变量

"离职意愿"中每个题项的因子载荷都大于 0.800，并且都处在同一个维度上，因此，不需剔除任何题项。

表 4-12　离职意愿的因子分析和信度检验结果(N＝329)

测量条款	因子载荷	信度
INT01	0.878	Cronbach α＝0.914
INT02	0.904	组合信度＝0.940
INT03	0.902	
INT04	0.888	
累计方差百分比		79.8%
KMO		0.835
Bartlett 检验卡方值		931.088
显著性概率 Sig.		0.000

（6）个人—组织契合的信度效度分析

笔者采用 SPSS 22 软件对变量"个人—组织契合"进行信度检验和因子分析。具体分析结果由表 4-13 所示，变量"个人—组织契合"的 Cronbach α 系数为0.880，组合信度为 0.912，说明变量"个人—组织契合"测量结果具有良好的信度。变量"个人—组织契合"的 KMO 值为 0.800，Bartlett 检验卡方值的显著性概率 $p < 0.001$，因此符合因子分析的要求。此外，根据因子分析结果显示，变量"个人—组织契合"中每个题项的因子载荷都大于 0.700，并且都处在同一个维度上，因此，不需剔除任何题项。

表 4-13　个人—组织契合的因子分析和信度检验结果(N＝329)

测量条款	因子载荷	信度
FIT01	0.819	Cronbach α＝0.880
FIT02	0.774	组合信度＝0.912
FIT03	0.848	
FIT04	0.848	
FIT04	0.820	

（续表）

测量条款	因子载荷	信度
累计方差百分比		67.6%
KMO		0.800
Bartlett 检验卡方值		945.483
显著性概率 Sig.		0.000

（7）变量的聚合效度和判别效度分析

最后,笔者对各变量的聚合效度和判别效度进行了具体分析。分析结果如表 4-14 所示,变量情感性组织支持感、工具性组织支持感、组织承诺、工作倦怠、离职意愿和个人—组织契合 AVE 的值均大于 0.5,因此,表示问卷的聚合效度良好。此外,变量情感性组织支持感、工具性组织支持感、组织承诺、工作倦怠、离职意愿和个人—组织契合两两之间的直接相关系数皆小于其 AVE 值的均方根,说明问卷的判别效度良好。

表 4-14　各个构念的 AVE 与相关系数

	1	2	3	4	5	6
1. 情感性组织支持感	**0.846**					
2. 工具性组织支持感	0.130 *	**0.809**				
3. 组织承诺	−0.025	0.135 * *	**0.673**			
4. 工作倦怠	−0.185 * *	−0.411 * *	−0.335 * *	**0.628**		
5. 离职意愿	−0.029	−0.341 * *	−0.728 * *	0.483 * *	**0.789**	
6. 个人—组织契合	0.174 * *	0.080	0.018	−0.104	0.033	**0.676**

注:对角线是变量的 AVE 值,其他数字代表相关系数;* $p < 0.05$;* * $p < 0.01$。

4.2.4 共同方法变异检验

接着,笔者检验本章中问卷测量是否存在共同方法变异(CMV)。共同方法变异指的是变量之间的关系可能是由于数据来源等原因造成,而并非是由于所要测量的变量之间的真实关系,从而对所研究的变量之间的关系提供另外解释的可能性,对研究结果的真实性造成威胁。笔者采用 Harman 单因素来检验共同方法变异。具体来说,笔者将本章中涉及的情感性组织支持感、工具性组织支持感、组织承诺、工作倦怠、离职意愿和个人—组织契合一起进行探索性因子分析。结果显示,没有旋转的探索性因子分析的第一个因子的解释力为26.6%。因此,可以认为本章节研究中共同方法变异对研究结果产生的影响不显著。

4.3 不同个人—组织契合下组织支持感对离职意愿的影响

4.3.1 高个人—组织契合和低个人—组织契合

在收集到的 329 份分析样本数据中,变量"个人—组织契合"的均值为3.932。因此,笔者基于变量"个人—组织契合"的均值将样本分为两组,其中被访者"个人—组织契合"的均值大于或等于 3.932 的进入高契合组,而被访者"个人—组织契合"的均值小于 3.932 的进入低契合组。高个人—组织契合组和低个人—组织契合组离职意愿的描述性统计详见表 4-15。

表 4-15　不同契合组的个人—组织契合和离职意愿描述性统计($N=329$)

		高契合组 ($N=184$)	低契合组($N=145$)
个人—组织契合	M	4.413	3.350
	SD	0.673	1.056
离职意愿	M	3.321	3.209
	SD	0.445	1.435

4.3.2 高契合下组织支持感对离职意愿的影响

为了探索高个人—组织契合下"情感性组织支持感"和"工具性组织支持感"对"离职意愿"的作用,在高个人—组织契合组样本中,笔者以离职意愿作为因变量,以情感性组织支持感和工具性组织支持感为自变量进行了分层回归分析,共建立了三个回归方程,分析结果详见表 4-16。整个分析过程如下:第一步,以离职意愿作为因变量,将控制变量,如性别、年龄、婚姻状况、教育程度、本岗工作年限、职位和收入等个体特征加入回归模型中;第二步,以离职意愿作为因变量,除了将第一步中的控制变量加入回归模型外,还将"情感性组织支持感"和"工具性组织支持感"也加入回归模型中;第三步,以离职意愿作为因变量,除了将第一步中的控制变量、情感性组织支持感和工具性组织支持感加入回归模型外,还将"情感性组织支持感"的平方和"工具性组织支持感"的平方加入回归模型中。

表 4-16　高契合下组织支持感与离职意愿的分层多元结果($N = 184$)

变量	R	R^2	ΔR^2	ΔF	Sig. F Change
第一步:控制变量	0.428	0.183	0.183	3.873	0.000
第二步:两种组织支持感	0.678	0.460	0.277	43.781	0.000
第三步:两个组织支持感平方	0.683	0.466	0.006	0.991	0.373

根据表 4-16 显示,当将变量"情感性组织支持感"和变量"工具性组织支持感"加入第一步的回归模型后,构建的第二个回归模型对被解释变量"离职意愿"的解释率比第一个回归模型的解释率显著增加了 27.7%,这说明组织支持感对离职意愿有显著的预测力。当将情感性组织支持感的平方和工具性组织支持感的平方加入第二步的回归模型后,构建的第三个回归模型对被解释变量"离职意愿"的解释率相较于第二个回归模型的解释率提高了 0.6%,F 值变化不显著,这表明在高个人—组织契合下,组织支持感的平方对离职意愿不存在显著的预测力。因此,本书在表 4-17 中只展示前两步回归模型的详细结果。

根据第一步回归模型的结果显示,在高个人—组织契合下,变量"教育程度"对员工的离职意愿有显著影响。具体而言,教育程度为专科($b = 0.712, p < 0.05$)和硕士及以上($b = 1.242, p < 0.01$)的员工比高中及以下的员工离职意愿更高。此外,员工在本岗的工作年限($b = -0.178, p < 0.01$)越久或收入($b = -0.185, p < 0.01$)越高都会显著降低他们的离职意愿。第二步的回归模型得到了相似的结果,在高个人—组织契合下,变量"教育程度"对员工的离职意愿同样有显著影响,而且依旧是教育程度为专科($b = 0.476, p < 0.1$)和硕士及以上

($b=0.916$，$p<0.05$)的员工比高中及以下的员工离职意愿更高。并且，员工的收入也显著降低他们的离职意愿($b=-0.129$，$p<0.05$)。但是，员工的本岗工作年限对离职意愿的影响不再显著($b=-0.076$，$p>0.05$)。此外，员工的情感性组织支持感($b=-0.206$，$p<0.001$)和工具性组织支持感($b=-0.374$，$p<0.001$)能够显著降低他们的离职意愿。因此，假设 H4.1a 成立。

表 4-17　高契合下组织支持感与离职意愿的分层多元结果($N=184$)（续）

变量	第一步			第二步		
	系数	标准差	p 值	系数	标准差	p 值
截距	4.779	0.517	0.000	7.234	0.503	0.000
性别（女性）	−0.258	0.261	0.326	−0.202	0.214	0.348
年龄	−0.120	0.078	0.128	−0.107	0.064	0.099
婚姻（已婚）	−0.017	0.142	0.907	−0.179	0.121	0.139
教育（专科）	0.712	0.307	0.022	0.476	0.253	0.062
教育（本科）	0.336	0.242	0.167	0.213	0.198	0.284
教育（硕士及以上）	1.242	0.366	0.001	0.916	0.302	0.003
本岗工作年限	−0.178	0.068	0.009	−0.076	0.057	0.181
职位（普通教练）	−0.024	0.214	0.910	−0.111	0.177	0.532
职位（教练总监）	−0.115	0.232	0.620	−0.323	0.194	0.098
收入	−0.185	0.066	0.006	−0.129	0.055	0.020
情感性组织支持感				−0.206	0.052	0.000
工具性情感支持感				−0.374	0.054	0.000

4.3.3 低契合下组织支持感对离职意愿的影响

为了探索低个人—组织契合下"情感性组织支持感"和"工具性组织支持感"对"离职意愿"的作用，在低个人—组织契合组样本中，笔者以离职意愿作为因变量，以情感性组织支持感和工具性组织支持感为自变量进行了分层回归分析，共建立了三个回归方程，分析结果详见表 4-18。整个分析过程如下：第一步,以离职意愿作为因变量,将控制变量,如性别、年龄、婚姻状况、教育程度、本岗工作年限、职位和收入等个体特征加入回归模型中;第二步,以离职意愿作为因变量,除了将第一步中的控制变量加入回归模型外,还将"情感性组织支持感"和"工具性组织支持感"也加入回归模型中;第三步,以离职意愿作为因变量,除了将第一步中的控制变量、情感性组织支持感和工具性组织支持感加入回归模型外,还将"情感性组织支持感"的平方和"工具性组织支持感"的平方加入回归模型中。

表 4-18　低契合下组织支持感与离职意愿的分层多元结果($N = 145$)

变量	R	R^2	ΔR^2	ΔF	Sig. F Change
第一步:控制变量	0.603	0.363	0.363	7.644	0.000
第二步:两种组织支持感	0.665	0.443	0.080	9.416	0.000
第三步:两个组织支持感平方	0.797	0.636	0.193	34.447	0.000

根据表 4-18 显示,当将变量"情感性组织支持感"和变量"工具性组织支持感"加入第一步的回归模型后,构建的第二个回归模型对被解释变量"离职意愿"的解释率比第一个回归模型的解释率显著增加了 8.0%,这说明组织支持感对离职意愿有显著的预测力。当将情感性组织支持感的平方和工具性组织支持感的平方加入第二步的回归模型后,构建的第三个回归模型对被解释变量"离职意愿"的解释率相较于第二个回归模型的解释率提高了 19.3%。这表明组织支持感的平方能够显著预测员工的离职意愿。换言之,在低个人—组织契合下,组织支持感对离职意愿的作用呈现曲线的趋势。因此,本书在表 4-19 中展示完整的三步回归分析的结果。

根据第一步回归模型的结果显示,在低个人—组织契合下,性别对员工的离职意愿有显著影响。具体而言,女性员工的离职意愿比男性员工更低($b = -0.754, p < 0.01$)。并且,员工的本岗工作年限($b = -0.685, p < 0.01$)越久或收入($b = -0.242, p < 0.01$)越高都会显著降低他们的离职意愿。第二步的回归模型结果也得到了相似的结果,在低个人—组织契合下,女性员工的离职意

愿同样比男性员工更低($b=-0.632,p<0.001$)。并且,员工的本岗工作年限($b=-0.583,p<0.001$)和收入($b=-0.226,p<0.05$)依然能够显著降低他们的离职意愿。此外,第二步的回归模型的结果还显示,员工感知到的工具性组织支持感能够边际显著地降低他们的离职意愿($b=-0.185,p<0.1$),而员工感知到的情感性组织支持感却显著提高他们的离职意愿($b=0.305,p<0.001$)。第三步的回归模型结果同样得到了与第一步和第二步回归模型类似的结果,在低个人—组织契合下,女性员工的离职意愿比男性员工更低($b=-0.377,p<0.1$),员工的本岗工作年限($b=-0.350,p<0.001$)和收入($b=-0.195,p<0.01$)依旧能够降低他们的离职意愿。结果还显示,员工的组织支持感对离职意愿的作用呈现曲线趋势。具体而言,员工感知到的情感性组织支持感($b=-1.238,p<0.05$)和工具性组织支持感($b=-2.709,p<0.001$)能够显著降低他们的离职意愿,但是情感性组织支持感平方($b=0.181,p<0.01$)和工具性组织支持感平方($b=0.307,p<0.01$)却显著提高他们的离职意愿。换言之,当个人—组织契合较低时,如果员工感知到的组织支持适中,组织支持感能有效降低离职意愿;但是如果员工感知到的组织支持过分强烈,反而会提高他们的离职意愿。因此,假设 H4.1b 成立。综合 4.4.2 节和 4.4.3 节的分析结果,本章研究的假设 H4.1 成立。

表 4-19　低契合下组织支持感与离职意愿的分层多元结果（N＝145）（续）

变量	第一步			第二步			第三步		
	系数	标准差	p 值	系数	标准差	p 值	系数	标准差	p 值
截距	6.574	0.767	0.000	6.087	0.938	0.000	12.851	1.117	0.000
性别（女性）	-0.754	0.246	0.003	-0.685	0.233	0.004	-0.377	0.194	0.055
年龄	0.065	0.118	0.583	0.006	0.112	0.961	0.003	0.092	0.973
婚姻（已婚）	-0.104	0.214	0.627	-0.023	0.203	0.908	-0.047	0.171	0.786
教育（专科）	0.945	0.681	0.168	1.099	0.643	0.090	0.569	0.533	0.288
教育（本科）	0.322	0.442	0.467	0.333	0.417	0.426	0.242	0.340	0.478
教育（硕士及以上）	0.600	0.898	0.505	0.608	0.847	0.474	0.242	0.692	0.727
本岗工作年限	-0.632	0.098	0.000	-0.583	0.094	0.000	-0.350	0.081	0.000
职位（普通教练）	-0.121	0.377	0.748	-0.017	0.357	0.962	-0.177	0.292	0.546
职位（教练总监）	-0.779	0.484	0.110	-0.575	0.459	0.213	-0.391	0.375	0.299
收入	-0.242	0.092	0.009	-0.226	0.086	0.010	-0.195	0.071	0.007
情感性组织支持感				0.305	0.083	0.000	-1.238	0.522	0.019
工具性情感支持感				-0.185	0.102	0.072	-2.709	0.478	0.000
情感性组织支持感平方							0.181	0.065	0.007
工具性情感支持感平方							0.307	0.051	0.000

4.4 组织承诺和工作倦怠的中介作用

4.4.1 高契合下组织承诺和工作倦怠的中介作用

笔者将采用分层多元回归分析检验：在高个人—组织契合下，组织承诺和工作倦怠是否中介了组织支持感和离职意愿之间的关系。Baron 和 Kenny（1986）提出，验证中介效应需要进行三个步骤：第一步，检验自变量 X 和因变量 Y 之间的关系，观察系数是否通过显著性检验；第二步，检验自变量 X 和中介变量 M 之间的关系，观察系数是否通过显著性检验；第三步，检验中介变量 M 和因变量 Y 之间的关系，观察系数是否通过显著性检验。[275] 此外，Tabachnick 和 Fidell（2007）提出，将自变量 X 和中介变量 M 同时加入模型时，如果自变量 X 对因变量 Y 的作用没有通过显著性检验，那么变量 M 是完全中介变量；如果自变量 X 对因变量 Y 的影响变小，并且仍通过显著性检验，那么变量 M 是部分中介变量。因此，中介效应的检验还需要进行第四步，即将自变量 X 和中介变量 M 同时加入因变量为 Y 的回归模型中，观察系数是否通过显著性检验，以判定中介变量 M 是何种中介效应。[276]

下面笔者将通过上述的四个步骤检验：在高个人—组织契合下，组织承诺和工作倦怠对组织支持感和离职意愿之间的中介作用。首先，在 4.3.2 中已经检验过自变量"组织支持感"和因变量"离职意愿"之间的关系。第二步，检验自变量"组织支持感"和中介变量"组织承诺"（工作倦怠）之间的关系。下面先检验在高契合组样本中变量"组织承诺"的中介作用，将其作为回归模型中的因变量，以情感性组织支持感和工具性组织支持感为自变量进行了分层回归分析，建立了两个回归方程，回归分析结果详见表 4-20。具体步骤如下：第一步，将"组织承诺"作为因变量，将控制变量，如性别、年龄、婚姻状况、教育程度、本岗工作年限、职位和收入等个体特征加入回归模型中；第二步，将"组织承诺"作为因变量，除了将第一步中的控制变量加入回归模型外，还将"情感性组织支持感"和"工具性组织支持感"加入回归模型中。

表 4-20　高契合下组织支持感与组织承诺的分层多元结果（$N = 184$）

变量	R	R^2	ΔR^2	ΔF	Sig. F Change
第一步:控制变量	0.408	0.166	0.166	3.446	0.000
第二步:两种组织支持感	0.546	0.298	0.132	16.120	0.000

根据表 4-20 显示,当将变量"情感性组织支持感"和变量"工具性组织支持感"加入第一步的回归模型后,构建的第二个回归模型对被解释变量"组织承诺"的解释率比第一个回归模型的解释率显著增加了 13.2%,说明"组织支持感"对"组织承诺"有显著的预测力。具体的回归分析结果见表 4-21。

根据第一步回归模型的分析结果所示(表 4-21),在高个人—组织契合下,员工的本岗工作年限与组织承诺有显著的正相关关系($b = 0.165, p < 0.001$)。第二步回归模型的分析结果同样显示(表 4-21),员工的本岗工作年限对组织承诺有显著的正向影响($b = 0.128, p < 0.001$)。此外第二步回归模型的分析结果还显示普通教练比企业管理人员具有更强的组织承诺($b = 0.219, p < 0.05$)。最后根据第二步回归模型的分析结果可知,员工的情感性组织支持感($b = 0.129, p < 0.001$)和工具性组织支持感($b = 0.084, p < 0.05$)皆能显著地提高他们的组织承诺。

表 4-21　高契合下组织支持感与组织承诺的分层多元结果（$N = 184$）（续）

变量	第一步			第二步		
	系数	标准差	p 值	系数	标准差	p 值
截距	3.382	0.277	0.000	2.632	0.304	0.000
性别(女性)	0.129	0.140	0.359	0.088	0.129	0.496
年龄	−0.019	0.042	0.655	−0.031	0.039	0.430
婚姻(已婚)	0.041	0.076	0.591	0.061	0.073	0.402
教育(专科)	−0.268	0.164	0.105	−0.208	0.153	0.176
教育(本科)	−0.026	0.129	0.842	0.012	0.120	0.919
教育(硕士及以上)	−0.387	0.196	0.050	−0.250	0.183	0.173
本岗工作年限	0.165	0.036	0.000	0.128	0.034	0.000
职位(普通教练)	0.156	0.114	0.175	0.219	0.107	0.042

（续表）

变量	第一步			第二步		
	系数	标准差	p 值	系数	标准差	p 值
职位（教练总监）	0.075	0.124	0.547	0.190	0.117	0.106
收入	0.040	0.036	0.263	0.019	0.033	0.563
情感性组织支持感				0.129	0.031	0.000
工具性情感支持感				0.084	0.032	0.011

检验在高契合组样本中变量"工作倦怠"的中介作用,将其作为回归模型中的因变量,以情感性组织支持感和工具性组织支持感为自变量进行了分层回归分析,建立了两个回归方程,回归分析结果详见表4-22。具体步骤如下:第一步,将"工作倦怠"作为因变量,将控制变量,如性别、年龄、婚姻状况、教育程度、本岗工作年限、职位和收入等个体特征加入回归模型中;第二步,将"工作倦怠"作为因变量,除了将第一步中的控制变量加入回归模型外,还将"情感性组织支持感"和"工具性组织支持感"加入回归模型中。

表 4-22　高契合下组织支持感与工作倦怠的分层多元结果（$N=184$）

变量	R	R^2	ΔR^2	ΔF	Sig. F Change
第一步:控制变量	0.347	0.120	0.120	2.370	0.012
第二步:两种组织支持感	0.617	0.381	0.260	35.910	0.000

根据表4-22显示,当将变量"情感性组织支持感"和变量"工具性组织支持感"加入第一步的回归模型后,构建的第二个回归模型对被解释变量"工作倦怠"的解释率比第一个回归模型的解释率显著增加了13.2%,说明"组织支持感"对"工作倦怠"有显著的预测力。具体的回归分析结果如表4-23所示。

表 4-23　高契合下组织支持感与工作倦怠的分层多元结果（$N=184$）（续）

变量	第一步			第二步		
	系数	标准差	p 值	系数	标准差	p 值
截距	4.123	0.429	0.000	5.964	0.431	0.000
性别（女性）	0.049	0.217	0.820	0.105	0.184	0.568
年龄	−0.077	0.065	0.236	−0.063	0.055	0.255

（续表）

变量	第一步			第二步		
	系数	标准差	p 值	系数	标准差	p 值
婚姻（已婚）	-0.073	0.118	0.539	-0.177	0.103	0.088
教育（专科）	0.301	0.255	0.239	0.131	0.217	0.547
教育（本科）	0.173	0.200	0.389	0.081	0.170	0.634
教育（硕士及以上）	0.690	0.304	0.024	0.424	0.259	0.103
本岗工作年限	-0.091	0.056	0.106	-0.012	0.048	0.810
职位（普通教练）	-0.053	0.177	0.767	-0.139	0.151	0.359
职位（教练总监）	-0.295	0.192	0.127	-0.482	0.166	0.004
收入	-0.074	0.055	0.182	-0.030	0.047	0.527
情感性组织支持感				-0.193	0.044	0.000
工具性情感支持感				-0.263	0.046	0.000

根据第一步回归模型的结果显示（表4-23），在高个人—组织契合下，教育程度为硕士及以上学历的员工相较于教育程度为高中及以下学历的员工具有更高的工作倦怠（$b=0.690$，$p<0.05$）。而根据第二步回归模型的结果可知（表4-23），教练总监比企业管理人员的工作倦怠低（$b=-0.482$，$p<0.01$）。此外，员工的情感性组织支持感（$b=-0.193$，$p<0.001$）和工具性组织支持感（$b=-0.263$，$p<0.001$）皆能够显著地降低他们的工作倦怠。

笔者在检验变量"组织承诺"及"工作倦怠"和变量"离职意愿"之间的关系中，首先在高个人—组织契合组样本中以离职意愿作为因变量，以组织承诺和工作倦怠为自变量进行了分层回归分析，建立了两个回归方程，结果如表4-24所示。具体步骤如下：第一步，将"离职意愿"作为因变量，将控制变量，如性别、年龄、婚姻状况、教育程度、本岗工作年限、职位和收入等个体特征加入回归模型中；第二步，将"离职意愿"作为因变量，除了将第一步中的控制变量加入回归模型外，还将"组织承诺"和"工作倦怠"也加入回归模型中。

表 4-24　高契合下组织承诺、工作倦怠和离职意愿的分层多元结果（$N = 184$）

变量	R	R^2	ΔR^2	ΔF	Sig. F Change
第一步:控制变量	0.428	0.183	0.183	3.873	0.000
第二步:组织承诺和工作倦怠	0.745	0.555	0.372	71.394	0.000

根据表 4-24 显示,当将变量"组织承诺"和变量"工作倦怠"加入第一步的回归模型后,构建的第二个回归模型对被解释变量"离职意愿"的解释率比第一个回归模型的解释率显著增加了 37.2%,说明"组织承诺"和"工作倦怠"对"离职意愿"有显著的预测力。具体的回归分析结果如表 4-25 所示。

根据第一步回归模型的结果显示(表 4-25),在高个人—组织契合下,教育程度对员工的离职意愿有显著影响。其中,教育程度为专科($b = 0.712, p < 0.05$)和硕士及以上($b = 1.242, p < 0.01$)的员工比高中及以下的员工离职意愿更高。此外,员工的本岗工作年限($b = -0.178, p < 0.01$)越久和收入($b = -0.185, p < 0.01$)越高能显著降低他们的离职意愿。第二步回归模型的结果也得到了类似的结果(表 4-25),在高个人—组织契合下,教育程度对员工的离职意愿也有显著的影响。教育程度为专科($b = 0.408, p < 0.1$)和硕士及以上($b = 0.628, p < 0.05$)的员工依旧比高中及以下的员工离职意愿更高。并且,员工的收入依然能显著降低他们的离职意愿($b = -0.119, p < 0.05$)。此外,"组织承诺"能够显著降低员工的离职意愿($b = -0.374, p < 0.01$),而"工作倦怠"能够显著提高员工的离职意愿($b = 0.680, p < 0.001$)。

表 4-25　高契合下组织承诺、工作倦怠和离职意愿的分层多元结果（$N = 184$）（续）

变量	第一步			第二步		
	系数	标准差	p 值	系数	标准差	p 值
截距	4.779	0.517	0.000	3.241	0.712	0.000
性别(女性)	-0.258	0.261	0.326	-0.243	0.195	0.213
年龄	-0.120	0.078	0.128	-0.074	0.059	0.207
婚姻(已婚)	-0.017	0.142	0.907	0.048	0.106	0.650
教育(专科)	0.712	0.307	0.022	0.408	0.230	0.078

(续表)

变量	第一步			第二步		
	系数	标准差	*p* 值	系数	标准差	*p* 值
教育(本科)	0.336	0.242	0.167	0.208	0.180	0.249
教育(硕士及以上)	1.242	0.366	0.001	0.628	0.277	0.025
本岗工作年限	−0.178	0.068	0.009	−0.055	0.053	0.308
职位(普通教练)	−0.024	0.214	0.910	0.070	0.159	0.663
职位(教练总监)	−0.115	0.232	0.620	0.114	0.173	0.513
收入	−0.185	0.066	0.006	−0.119	0.050	0.017
组织承诺				−0.374	0.117	0.002
工作倦怠				0.680	0.075	0.000

最后,在高个人—组织契合组的样本中以"离职意愿"作为因变量,以"情感性组织支持感"、"工具性组织支持感"、"组织承诺"和"工作倦怠"作为自变量进行了分层回归分析,建立了两个回归方程,回归分析结果详见表 4-26。具体步骤如下:第一步,将"离职意愿"作为因变量,将控制变量,如性别、年龄、婚姻状况、教育程度、本岗工作年限、职位和收入等个体特征加入回归模型中;第二步,将"离职意愿"作为因变量,除了将第一步中的控制变量加入回归模型外,还将"情感性组织支持感"、"工具性组织支持感"、"组织承诺"和"工作倦怠"也加入回归模型中。

表 4-26　高契合下组织支持感、组织承诺和工作倦怠对离职
意愿的分层多元结果(N＝184)

变量	*R*	*R*²	Δ*R*²	Δ*F*	Sig. F Change
第一步:控制变量	0.428	0.183	0.183	3.873	0.012
第二步:组织支持感、组织承诺和工作倦怠	0.778	0.605	0.423	45.251	0.000

根据表 4-26 显示,当将变量"情感性组织支持感"、"工具性组织支持感"、"组织承诺"和"工作倦怠"加入第一步的回归模型后,构建的第二个回归模型对被解释变量"离职意愿"的解释率比第一个回归模型的解释率显著增加了42.3％,说明变量"情感性组织支持感"、"工具性组织支持感"、"组织承诺"和"工

作倦怠"对"离职意愿"有显著的预测力。具体的回归分析结果如表 4-27 所示。

表 4-27　高契合下组织支持感、组织承诺和工作倦怠对离职
意愿的分层多元结果（$N=184$）（续）

变量	第一步			第二步		
	系数	标准差	p 值	系数	标准差	p 值
截距	4.779	0.517	0.000	4.942	0.767	0.000
性别（女性）	−0.258	0.261	0.326	−0.230	0.185	0.216
年龄	−0.120	0.078	0.128	−0.084	0.056	0.136
婚姻（已婚）	−0.017	0.142	0.907	−0.070	0.105	0.503
教育（专科）	0.712	0.307	0.022	0.348	0.219	0.114
教育（本科）	0.336	0.242	0.167	0.175	0.170	0.307
教育（硕士及以上）	1.242	0.366	0.001	0.625	0.262	0.018
本岗工作年限	−0.178	0.068	0.009	−0.032	0.051	0.525
职位（普通教练）	−0.024	0.214	0.910	0.025	0.154	0.872
职位（教练总监）	−0.115	0.232	0.620	−0.020	0.171	0.908
收入	−0.185	0.066	0.006	−0.108	0.047	0.023
情感性组织支持感				−0.069	0.048	0.152
工具性组织支持感				−0.215	0.050	0.000
组织承诺				−0.294	0.114	0.011
工作倦怠				0.514	0.080	0.000

　　根据第一步回归模型的结果显示（表 4-27），在高个人—组织契合下，教育程度、本岗工作年限和收入对员工的离职意愿有显著影响。第二步回归模型也得到了类似的结果（表 4-27），在高个人—组织契合下，教育程度和收入对员工的离职意愿有显著影响。此外，组织承诺能够显著降低员工的离职意愿（$b=−0.294,p<0.05$），而工作倦怠能够显著提高员工的离职意愿（$b=0.514,p<0.001$）。员工的工具性组织支持感（$b=−0.215,p<0.001$）仍然对其离职意愿有显著的负向作用，但是员工的情感性组织支持感对其离职意愿的影响不再显著（$b=−0.069,p>0.05$）。因此，在高个人—组织契合下，变量"组织承诺"和"工作倦怠"能够完全中介"情感性组织支持感"对"离职意愿"的负向作用，同时能够部分中介"工具性组织支持感"对"离职意愿"的负向作用。

4.4.2 低契合下组织承诺和工作倦怠的中介作用

本节笔者将采用分层多元回归分析检验:在低个人—组织契合下,组织承诺和工作倦怠是否中介了组织支持感和离职意愿之间的关系。通过与高个人—组织契合样本分析过程中的四个检验步骤来分析低个人—组织契合下组织承诺和工作倦怠的中介作用。首先,在 4.3.3 中已经检验过"组织支持感"和因变量"离职意愿"之间的关系,即"组织支持感"对"离职意愿"呈现显著的二次曲线关系。第二步,检验自变量"组织支持感"和中介变量"组织承诺"(工作倦怠)之间的关系。在 4.4.1 中已经分析了在高契合组样本中变量"组织承诺"("工作倦怠")的中介作用,因此本节首先分析在低个人—组织契合组样本中变量"组织承诺"的中介作用,将其作为回归模型中的因变量,以情感性组织支持感、情感性组织支持感的平方、工具性组织支持感和工具性组织支持感的平方为自变量进行了分层回归分析,建立了两个回归方程,回归分析结果详见表 4-28。具体步骤如下:第一步,将"组织承诺"作为因变量,将控制变量,如性别、年龄、婚姻状况、教育程度、本岗工作年限、职位和收入等个体特征加入回归模型中;第二步,将"组织承诺"作为因变量,除了将第一步中的控制变量加入回归模型外,还将"情感性组织支持感"、"情感性组织支持感的平方"、"工具性组织支持感"和"工具性组织支持感的平方"加入回归模型中。

表 4-28　低契合下组织支持感与组织承诺的分层多元结果($N=145$)

变量	R	R^2	ΔR^2	ΔF	Sig. F Change
第一步:控制变量	0.511	0.261	0.261	4.743	0.000
第二步:两种组织支持感	0.666	0.443	0.182	10.599	0.000

根据表 4-28 显示,当将变量"情感性组织支持感"、"情感性组织支持感的平方"、"工具性组织支持感"和"工具性组织支持感的平方"加入第一步的回归模型后,构建的第二个回归模型对被解释变量"组织承诺"的解释率比第一个回归模型的解释率显著增加了 18.2%,说明"组织支持感"对"组织承诺"有显著的预测力。具体的回归分析结果如表 4-29 所示。

表 4-29 低契合下组织支持感与组织承诺的分层多元结果（N＝145）（续）

变量	第一步			第二步		
	系数	标准差	p 值	系数	标准差	p 值
截距	2.238	0.737	0.003	−2.795	1.233	0.025
性别（女性）	0.822	0.237	0.001	0.568	0.214	0.009
年龄	−0.098	0.114	0.392	−0.055	0.101	0.590
婚姻（已婚）	−0.059	0.206	0.774	−0.124	0.189	0.513
教育（专科）	−0.789	0.655	0.231	−0.556	0.588	0.346
教育（本科）	−0.312	0.425	0.464	−0.272	0.375	0.470
教育（硕士及以上）	−0.382	0.863	0.659	−0.144	0.763	0.851
本岗工作年限	0.441	0.094	0.000	0.229	0.090	0.012
职位（普通教练）	0.144	0.362	0.693	0.191	0.322	0.553
职位（教练总监）	0.642	0.465	0.170	0.378	0.413	0.363
收入	0.118	0.088	0.183	0.091	0.078	0.245
情感性组织支持感				1.214	0.545	0.027
情感性组织支持感平方				−0.165	0.068	0.017
工具性情感支持感				2.710	0.498	0.000
工具性情感支持感平方				−0.303	0.053	0.000

根据第一步回归模型的分析结果所示（表 4-29），在低个人—组织契合下，员工的性别与组织承诺呈显著的正相关（$b=0.822, p=0.001$），具体而言，女性员工的组织承诺显著高于男性员工。此外，员工的本岗工作年限（$b=0.441, p<0.001$）能够显著的提高员工的组织承诺。第二步回归模型的分析也得到类似的结果（表 4-29），女性员工的组织承诺依然高于男性员工（$b=0.568, p<0.01$），员工的本岗工作年限（$b=0.229, p<0.05$）同样与组织承诺呈显著的正相关。此外，员工的组织支持感对组织承诺的作用呈现曲线趋势。具体而言，员工感知到的情感性组织支持感（$b=1.214, p<0.05$）和工具性组织支持感（$b=2.710, p<0.001$）皆能够显著地提高他们的组织承诺，但是情感性组织支持感的平方（$b=-0.165, p<0.05$）和工具性组织支持感的平方（$b=-0.303, p<0.001$）却显著降低他们的组织承诺。换言之，当员工的个人—组织契合较低时，如果员工感知到的组织支持感适中，组织支持感能有效提高组织承诺；但是如果员

感知到的组织支持过分强烈,反而会降低他们的组织承诺。

接着检验在低个人—组织契合组样本中变量"工作倦怠"的中介作用,将其作为回归模型中的因变量,以"情感性组织支持感"、"情感性组织支持感的平方"、"工具性组织支持感"和"工具性组织支持感的平方"为自变量进行了分层回归分析,建立了两个回归方程,回归分析结果详见表 4-30。具体步骤如下:第一步,将"工作倦怠"作为因变量,将控制变量,如性别、年龄、婚姻状况、教育程度、本岗工作年限、职位和收入等个体特征加入回归模型中;第二步,将"工作倦怠"作为因变量,除了将第一步中的控制变量加入回归模型外,还将"情感性组织支持感"、"情感性组织支持感的平方"、"工具性组织支持感"和"工具性组织支持感的平方"加入回归模型中。

表 4-30　低契合下组织支持感与工作倦怠的分层多元结果($N=145$)

变量	R	R^2	ΔR^2	ΔF	Sig. F Change
第一步:控制变量	0.375	0.141	0.141	2.192	0.022
第二步:两种组织支持感	0.637	0.405	0.265	14.479	0.000

根据表 4-30 显示,当将变量"情感性组织支持感"、"情感性组织支持感的平方"、"工具性组织支持感"和"工具性组织支持感的平方"加入第一步的回归模型后,构建的第二个回归模型对被解释变量"工作倦怠"的解释率比第一个回归模型的解释率显著增加了 26.5%,说明"组织支持感"对"工作倦怠"有显著的预测力。具体的回归分析结果如表 4-31 所示。

根据第一步回归模型的结果显示(表 4-31),在低个人—组织契合下,教育程度为硕士及以上学历的员工相较于教育程度为高中及以下学历的员工具有更高的工作倦怠($b=1.431, p<0.05$),普通教练相较于企业管理人员具有更高的工作倦怠($b=0.543, p<0.05$)。而根据第二步回归模型的结果可知(表 4-31),已婚员工相较于未婚员工具有更低的工作倦怠($b=-0.263, p<0.05$)。同样地,教育程度为硕士及以上学历的员工相较于教育程度为高中及以下学历的员工具有更高的工作倦怠($b=1.304, p<0.05$)。普通教练($b=0.604, p<0.01$)和教练总监($b=0.622, p<0.05$)相较于企业管理人员也具有更高的

工作倦怠。此外,员工的组织支持感对工作倦怠的作用呈现曲线趋势。具体而言,员工感知到的情感性组织支持感($b=-1.713,p<0.01$)和工具性组织支持感($b=-3.453,p<0.001$)皆能够显著降低提高他们的离职意愿,但是情感性组织支持感的平方($b=0.240,p<0.001$)和工具性组织支持感的平方($b=0.395,p<0.001$)却能显著提高他们的离职意愿。换言之,当员工的个人—组织契合较低时,如果员工感知到的组织支持感适中,组织支持感能有效地降低员工的离职意愿;但是如果员工感知到的组织支持过分强烈,反而会提高他们的离职意愿。

表 4-31　低契合下组织支持感与工作倦怠的分层多元结果($N=145$)(续)

变量	第一步			第二步		
	系数	标准差	p 值	系数	标准差	p 值
截距	3.992	0.530	0.000	8.247	0.849	0.000
性别(女性)	−0.333	0.170	0.053	−0.154	0.148	0.299
年龄	0.141	0.082	0.087	0.094	0.070	0.179
婚姻(已婚)	−0.169	0.148	0.255	−0.263	0.130	0.045
教育(专科)	−0.148	0.471	0.754	−0.472	0.405	0.246
教育(本科)	0.191	0.305	0.533	0.134	0.259	0.606
教育(硕士及以上)	1.431	0.621	0.023	1.304	0.526	0.014
本岗工作年限	−0.122	0.068	0.073	0.019	0.062	0.761
职位(普通教练)	0.543	0.261	0.039	0.604	0.222	0.007
职位(教练总监)	0.420	0.335	0.212	0.622	0.285	0.031
收入	−0.076	0.063	0.234	−0.049	0.054	0.368
情感性组织支持感				−1.713	0.522	0.001
情感性组织支持感平方				0.240	0.066	0.000
工具性情感支持感				−3.453	0.478	0.000
工具性情感支持感平方				0.395	0.051	0.000

　　接着,笔者将检验变量"组织承诺"及"工作倦怠"和变量"离职意愿"之间的关系。笔者在低个人—组织契合组样本中以离职意愿作为因变量,以组织承诺和工作倦怠为自变量进行了分层回归分析,建立了两个回归方程,结果如表 4-

32 所示。具体步骤如下:第一步,将"离职意愿"作为因变量,将控制变量,如性别、年龄、婚姻状况、教育程度、本岗工作年限、职位和收入等个体特征加入回归模型中;第二步,将"离职意愿"作为因变量,除了将第一步中的控制变量加入回归模型外,还将"组织承诺"和"工作倦怠"也加入回归模型中。

表 4-32　低契合下组织承诺、工作倦怠和离职意愿的分层多元结果($N = 145$)

变量	R	R^2	ΔR^2	ΔF	Sig. F Change
第一步:控制变量	0.603	0.363	0.363	7.644	0.000
第二步:组织承诺和工作倦怠	0.873	0.761	0.398	110.124	0.000

根据表 4-32 显示,当将变量"组织承诺"和变量"工作倦怠"加入第一步的回归模型后,构建的第二个回归模型对被解释变量"离职意愿"的解释率比第一个回归模型的解释率显著增加了 39.8%,说明"组织承诺"和"工作倦怠"对"离职意愿"有显著的预测力。具体的回归分析结果如表 4-33 所示。

表 4-33　低契合下组织承诺、工作倦怠和离职意愿的分层多元结果($N = 145$)(续)

变量	第一步			第二步		
	系数	标准差	p 值	系数	标准差	p 值
截距	6.574	0.767	0.000	7.790	0.612	0.000
性别(女性)	−0.754	0.246	0.003	−0.063	0.159	0.694
年龄	0.065	0.118	0.583	−0.031	0.074	0.678
婚姻(已婚)	−0.104	0.214	0.627	−0.128	0.133	0.338
教育(专科)	0.945	0.681	0.168	0.346	0.423	0.416
教育(本科)	0.322	0.442	0.467	0.051	0.273	0.853
教育(硕士及以上)	0.600	0.898	0.505	0.105	0.565	0.853
本岗工作年限	−0.632	0.098	0.000	−0.268	0.065	0.000
职位(普通教练)	−0.121	0.377	0.748	−0.082	0.237	0.729
职位(教练总监)	−0.779	0.484	0.110	−0.331	0.304	0.278
收入	−0.242	0.092	0.009	−0.140	0.057	0.016
组织承诺				−0.786	0.059	0.000
工作倦怠				0.136	0.082	0.097

根据第一步回归模型的结果显示(表4-33),在低个人—组织契合下,性别对员工的离职意愿有显著影响。具体而言,女性员工的离职意愿显著低于男性员工($b=-0.754,p<0.01$)。并且,员工的本岗工作年限($b=-0.685,p<0.01$)越久和收入($b=-0.242,p<0.01$)越高皆会显著降低他们的离职意愿。第二步回归模型的结果也得到了类似的结果(表4-33),在低个人—组织契合下,员工的本岗工作年限($b=-0.268,p<0.001$)越久和收入($b=-0.140,p<0.05$)越多越能显著降低他们的离职意愿。此外,"组织承诺"能够显著降低员工的离职意愿($b=-0.786,p<0.001$),而"工作倦怠"能够提高员工的离职意愿($b=0.136,p<0.1$)。

最后,笔者在低个人—组织契合组的样本中以"离职意愿"作为因变量,以"情感性组织支持感"、"情感性组织支持感的平方"、"工具性组织支持感"、"工具性组织支持感的平方"、"组织承诺"和"工作倦怠"为自变量进行了分层回归分析,建立了两个回归方程,结果见表4-34。具体步骤如下:第一步,将"离职意愿"作为因变量,将控制变量,如性别、年龄、婚姻状况、教育程度、本岗工作年限、职位和收入等个体特征加入回归模型中;第二步,将"离职意愿"作为因变量,除了将第一步中的控制变量加入回归模型外,还将变量"情感性组织支持感"、"情感性组织支持感的平方"、"工具性组织支持感"、"工具性组织支持感的平方"、"组织承诺"和"工作倦怠"也加入回归模型中。

表4-34 低契合下组织支持感、组织承诺和工作倦怠对离职意愿的分层多元结果($N=145$)

变量	R	R^2	ΔR^2	ΔF	Sig. F Change
第一步:控制变量	0.603	0.363	0.363	7.644	0.000
第二步:组织支持感、组织承诺和工作倦怠	0.905	0.819	0.456	53.618	0.000

根据第一步回归模型的结果显示(表4-35),在低个人—组织契合下,性别、本岗工作年限和收入对员工的离职意愿皆有显著影响。第二步回归模型也得到了类似的结果(表4-35),在低个人—组织契合下,本岗工作年限和收入对员工的离职意愿有显著的负向影响。此外,组织承诺能够显著降低员工的离职意

愿($b=-0.644,p<0.001$),而工作倦怠提高员工的离职意愿($b=0.135,p<0.1$)。员工感知到的情感性组织支持感($b=-0.888,p<0.05$)和工具性组织支持感($b=-1.219,p<0.01$)仍能够显著降低他们的离职意愿,但其感知到的情感性组织支持感的平方($b=0.129,p<0.05$)和工具性组织支持感的平方($b=0.144,p<0.001$)却显著提高他们的离职意愿。因此,在低个人—组织契合下,变量"组织承诺"和"工作倦怠"部分中介"工具性组织支持感"对"离职意愿"的负向作用,同时也部分中介"情感性组织支持感"对"离职意愿"的负向作用。因此,综合 4.4 的分析结果,本章研究的假设 H4.2 和 H4.3 部分成立。

表 4-35　低契合下组织支持感、组织承诺和工作倦怠对离职
意愿的分层多元结果($N=145$)(续)

变量	第一步			第二步		
	系数	标准差	p 值	系数	标准差	p 值
截距	6.574	0.767	0.000	11.173	1.045	0.000
性别(女性)	−0.754	0.246	0.003	−0.013	0.142	0.925
年龄	0.065	0.118	0.583	−0.031	0.066	0.640
婚姻(已婚)	−0.104	0.214	0.627	−0.130	0.124	0.295
教育(专科)	0.945	0.681	0.168	0.204	0.383	0.595
教育(本科)	0.322	0.442	0.467	0.069	0.242	0.777
教育(硕士及以上)	0.600	0.898	0.505	0.169	0.503	0.738
本岗工作年限	−0.632	0.098	0.000	−0.203	0.059	0.001
职位(普通教练)	−0.121	0.377	0.748	−0.044	0.214	0.836
职位(教练总监)	−0.779	0.484	0.110	−0.139	0.273	0.612
收入	−0.242	0.092	0.009	−0.137	0.051	0.008
情感性组织支持感				−0.888	0.397	0.027
情感性组织支持感平方				0.129	0.050	0.011
工具性组织支持感				−1.219	0.366	0.001
工具性组织支持感平方				0.144	0.039	0.000
组织承诺				−0.644	0.057	0.000
工作倦怠				0.135	0.083	0.098

4.5 假设检验结果

综合第 4 章的内容,本章研究所提出的 5 个研究假设全部得到验证。个人—组织契合能够调节组织支持感对离职意愿的作用,具体而言,当个人—组织契合高时,组织支持感能够显著降低员工的离职意愿;当个人—组织契合低时,组织支持感对离职意愿呈现曲线作用。此外,组织承诺和工作倦怠可以部分中介组织支持感对离职意愿的作用(表 4-36)。

表 4-36　组织支持感对离职意愿的影响研究假设检验结果

序号	假设	检验结果
H4.1	个人—组织契合能够调节组织支持感对离职意愿的作用	支持
H4.1a	当个人—组织契合高时,组织支持感能够降低员工的离职意愿	支持
H4.1b	当个人—组织契合低时,组织支持感对离职意愿呈现曲线作用	支持
H4.2	组织承诺中介组织支持感对离职意愿的作用	部分成立
H4.3	工作倦怠中介组织支持感对离职意愿的作用	部分成立

4.6 本章小结

本章的研究目的是考察健身行业中员工感知到的组织支持感对离职意愿的影响及作用机制。一方面,从组织支持感的二维角度,探讨健身行业中员工感知到的组织支持对员工的离职意愿的作用,以及该作用如何受到个人—组织契合的调节。笔者发现,在高个人—组织契合下,情感性组织支持感和工具性组织支持感能够显著降低员工的离职意愿。但是,在低个人—组织契合下,员工感知到的组织支持感对其离职意愿的作用呈现曲线趋势。具体而言,当个人—组织契合较低时,如果员工感知到的情感性组织支持和工具性组织支持适中,组织支持感能有效降低他们的离职意愿;但是如果员工感知到的组织支持过分强烈,反而会提高他们的离职意愿。另一方面,本章探讨了健身行业中员工感知到的组织支持影响员工离职意愿的具体作用机制。笔者发现,在高个人—组织契合下,组织承诺和工作倦怠能够完全中介情感性组织支持感对离职意愿的负向作用,同时部分中介工具性组织支持感对离职意愿的负向作用。而在低个人—组织契合下,组织承诺和工作倦怠能部分中介工具性组织支持感和情感性组织支持感对离职意愿的负向作用。

第 5 章　　　　个人—组织契合调节下组织
支持感对感知组织可持续
发展绩效的影响

随着健身在人们日常生活中重要性的提高,健身俱乐部的数量与日俱增。但是,这个行业中一个比较突出的问题是健身俱乐部教练的人员流动率相当高。为了降低健身教练的高流动率,企业越来越重视员工的职业规划和发展,提供给员工需要的资源,从而提升他们的组织支持感,试图吸引和留住有能力的优质员工,这对提高组织的可持续发展绩效很重要。[16][18] 然而,以往的大多研究都聚焦在组织支持感对员工个人绩效的影响,而没有考察过组织支持感对企业绩效的作用。

因此,本章主要针对以下三个方面进行研究和探讨:第一方面,考察员工的组织支持感对其感知组织可持续发展绩效的影响作用。第二方面,探讨员工的组织支持感对其感知组织可持续发展绩效的具体作用机制,即员工的工作满意度和组织承诺在其中的中介作用。第三方面,进一步检验个人—组织契合对组织支持感对感知组织可持续发展绩效影响的调节作用。

5.1 模型构建与假设提出

5.1.1 组织支持感和感知组织可持续发展绩效的关系

许多组织面临着采取某些进行规划的战略和活动以满足其财务需求的同时,又需维持其未来所需的社会和环境资源的压力。[282] 感知组织可持续发展绩效能够用来衡量一个组织在多大程度上将财务、社会和环境资源融入其整体运营中,它也可以被看作一个衡量组织实现其长期目标的过程中的反馈指标。[283] 一般来说,感知组织可持续发展绩效包含三个维度,即财务绩效、社会绩效和环境绩效。[284] 感知组织可持续发展绩效的第一个维度是财务绩效,即组织在给定时期内的财务状况。[285] 感知组织可持续发展绩效的第二个维度是社会绩效。Chen 和 Delmas(2011)将社会绩效定义为组织对其利益相关者(例如员工、股东等)的责任。[286] 第三个维度是环境绩效,它代表了组织对自然环境的整体行为。[287]

接下来,笔者将用社会交换理论来解释员工的组织支持感对其感知组织可持续发展绩效的影响。社会交换理论(Social Exchange Theory,SET)能够帮助理解为什么一些人认为他们的组织氛围是和谐的,而另一些人则认为其组织氛围是混乱的。[288]社会交换理论认为两个利益相关体之间存在社会交换关系。例如,员工与组织之间存在社会交换关系,员工在组织的工作满意度和对组织的承诺取决于该员工如何审视自己与组织之间的社会交换关系。[288]

员工和组织之间的社会交换属于自愿行为,是在某种形式的互惠基础上进行的。[288]在员工和组织之间的社会交换关系中,组织领导对员工的支持和关心促进了互惠的社会交换关系。当员工感受到自己和组织之间存在互惠的社会交换关系时,他们具有较高的工作满意度和组织承诺。[288]心理契约一词有助于理解社会交换和互惠原则如何影响员工的态度和行为。[289]当员工认为他们的组织维持了他或她的互惠交换协议(例如给予员工发展机会、绩效提升可以换回更高的报酬、工作晋升机会和良好的工作环境)时,员工觉得有义务通过增加努力来实现组织的目标以回报组织对其的支持。当员工与组织的心理契约得到满足时,员工对组织的承诺和工作满意度会得到提高。简而言之,互惠原则在员工和组织之间建立了一种心理契约,使得员工对组织产生了一种情感依恋,这种情感依恋表现为在从事与组织相关的工作时会付出更多的努力。[166]这些结果有助于理解为什么有些员工的行为会提高其工作满意度和对组织的承诺。[289]

如上所述,社会交换理论表明,在相互依存的关系中,一方的自愿行为是由另一方的预期回报所激发的。[5]正如互惠准则所证明的那样,在组织与员工之间的相互依存关系中,员工依靠组织来实现他们的目标,相反,组织依赖于员工来提高其整体绩效。[5]因此,从组织中获得高水平支持的员工更愿意努力地回报所属组织。[17]

具体而言,员工的组织支持感可以被视为一种组织为员工工作提供帮助的保证,是一种给予员工工作绩效的激励。根据社会交换理论,如果员工认为组织给予他们支持和关心他们的福祉,他们就有义务回馈这种"恩惠"。[7][8]从组织感知到组织支持的员工可能会感觉到与组织间的互惠的社会交换关系和情感联系,因此可能会更专注于他们的工作。因此,员工将努力支持其组织并为实现组织目标而作出贡献,最终提高组织整体可持续发展绩效。

首先,根据众多前人的研究和第 3 章元分析结果表明,组织支持感能够显著提高员工的工作绩效(例如 Armeli 等人,1998[219];Kraimer 等人,2001[217];Stamper 等人,2003[11])。因此,组织支持感可以通过提高员工的工作绩效进而提升其感知的组织财务绩效。其次,Byrne 和 Hochwarter(2008)认为,员工感知到的组织支持感可以通过减少压力因素和鼓励承诺来促进社会责任,从而提高感知的组织社会绩效。[290]所以,员工的组织支持感也可以通过减少压力和鼓励承诺来促进其感知的组织社会绩效。此外,员工感知到的组织支持感会改善组织的内部流程,这能提高组织的环境绩效。相反,如果员工认为组织没有给予自己支持,他们可能会对所属工作感到不满并无法有效地执行任务,从而可能会降低组织的可持续发展绩效。

5.1.2　个人—组织契合的调节作用

国外学者认为,企业如若想获取、保持和增加相对稳定的人力资源,起决定性的因素之一是"个人—组织契合",即员工个体与组织之间的契合程度。基于对国内外相关文献的检索结果可知,有关个人—组织契合对员工个体行为的结果变量的研究较多,如工作绩效、离职意愿等。而探究个人—组织契合对组织绩效的影响研究甚少,目前已有研究主要聚焦于个人—组织契合对关系绩效、任务绩效和周边绩效的影响,而关系绩效、任务绩效和周边绩效通常都是衡量工作绩效的维度,因此国内外确实少有研究探究个人—组织契合对组织绩效的影响,特别是组织可持续绩效。Kristof-Brown 等人(2005)的研究表明,个人—组织契合会影响员工的各种态度与行为,如工具性组织支持感、员工的组织承诺、员工感知组织可持续发展绩效等。在过去的二三十年中,"个人—组织契合"在有关员工绩效和员工离职意愿等方面的研究中积累了大量的研究成果。[43]"个人—组织契合"理论强调员工价值观与员工需求、组织供给、组织文化、组织要求相匹配。国内也曾有学者研究探究个人—组织契合与组织绩效之间的关系,例如赵红梅(2009)依据调查数据并运用结构方程模型对个人—组织契合与关系绩效等各维度的关系进行了实证研究,实证结果表明个人—组织契合程度越高的员工,其关系绩效也越高,即个人—组织契合对关系绩效产生积极的影响。[65]朱青松等人(2009)的实证研究表明个人—组织契合与组织绩效具有相关关系。[66]

上一章节的研究表明,在健身行业中,员工感知的组织支持感对离职意愿有显著的影响及作用,并受到个人—组织契合的调节作用。具体而言,在高程度的个人—组织契合下,员工感知的组织支持感对离职意愿的作用呈现线性趋势,相反,在低程度的个人—组织契合下,员工感知的组织支持感对离职意愿的作用呈现曲线效应,其中组织承诺和工作倦怠在员工感知的组织支持感和离职意愿二者的关系中起中介作用。在本章中,笔者同样基于 Pierce 和 Aguinis (2013)的过犹不及理论[13]提出,对于个人—组织契合较高的员工,组织支持感能够提高员工感知组织可持续发展绩效。但是,当个人—组织契合较低时,组织支持感对感知组织可持续发展绩效呈曲线作用。

因此,本书提出如下三个研究假设:

H5.1:个人—组织契合能够调节组织支持感对员工感知组织可持续发展绩效的作用。

H5.1a:当个人—组织契合高时,组织支持感能够提高感知组织可持续发展绩效。

H5.1b:当个人—组织契合低时,组织支持感对感知组织可持续发展绩效呈曲线作用。

5.1.3 工作满意度的中介作用

Vroom(1962)认为工作满意度是指个体对其职位的满意状态,是对其目前工作角色的价值取向。[291]Price(1997)提出工作满意度是一种感情取向,这是由一个人在系统中的角色引起的。如果员工有积极的感情倾向,他或她会感到满意;否则,他或她不会感到满意。[292]Porter 和 Lawler(1968)指出,员工的工作满意度取决于员工认为应该从雇主那里得到的报酬与他们实际收到的报酬之间的差距。因此,两者之间差距较小的员工将具有更高的工作满意度。[293]同样地,Robbins(2001)将工作满意度定义为员工对工作的总体态度,并指出工作满意度取决于员工认为应该从工作中获得的薪酬与他们获得的实际薪酬之间的差异。[294]

一方面,以往的研究表明,组织支持感可以满足员工的社会情感需求并提高他们的预期绩效奖励,从而有助于提高整体工作满意度。[7] 例如,Burke (2003)以从事医疗工作的护士为研究对象,发现他们感知到的组织支持感能够显著影响其工作满意度。[295] Harris 等人(2007)对 418 个员工进行了研究,发现他们感知到的组织支持感能够显著提高其工作满意度。[296]

另一方面,工作满意度对于提高感知组织可持续发展绩效至关重要。[297] 过去的研究表明,工作满意度能够对感知组织可持续发展绩效产生积极影响。例如,Brooks(2000)发现对自己的工作感到满意的员工不会轻易离开组织,而人员流动率低的组织通常具有更高的利润。这解释了为什么员工的工作满意度可以提高组织的可持续发展绩效。[298] 类似地,Choo 和 Bowley(2007)也发现员工工作满意度和组织绩效是存在正相关关系。[299] 因此,本章提出假设:

H5.2:工作满意度能够中介组织支持感对其感知到的感知组织可持续发展绩效的影响。

5.1.4 组织承诺的中介作用

Becker(1960)最早将组织承诺定义为"由单方投入(side-bet)产生的维持'活动一致性'的倾向"。[300] 之后,众多学者对组织承诺提出不同的定义。一些学者认为,组织承诺反映了个人对特定组织的认同度和参与程度。[301] 例如,Porter 等人(1974)和 Steers(1977)将组织承诺描述为员工对组织的目标和价值观的坚定信念和接受程度,愿意为其竭尽所能,以及具有维护组织的强烈意愿。[302][303] Meyer 和 Allen(1993)将组织承诺定义为"一种心理状态,(a)描述了员工与组织的关系,(b)对决定继续或终止组织成员资格有影响",反映了员工对组织的奉献精神和忠诚度。[304]

还有一些学者认为组织承诺衡量了个人和组织的目标和价值观之间的一致性。[301][305] 个人和组织的目标和价值观之间的这种一致性使得个人会估计在其他地方可能无法得到有吸引力的利益的感知成本,决定了个人是否继续留在组织中。[250] 但两种观点都支持组织承诺是个人对组织的认同和心理依恋,并且都试图研究这种依恋对组织有何影响。

以往研究都表明组织承诺是一个多维度构念[249][301]，其中被大多数学者接受的是 Meyer 和 Allen(1991)[250] 提出的三维度组织承诺构念。Meyer 和 Allen(1991)[250] 在 Mowday 等人(1982)[248] 对组织承诺概念的见解的基础上，结合了 Becker(1960)[300] 对组织承诺的概念定义，建立了组织承诺的三维度模型，即组织承诺包括情感承诺、规范承诺和持续承诺三个维度。

情感承诺的定义是基于 Buchanan(1974)[305] 和 Mowday 等人(1982)[248] 的态度承诺，指的是员工对组织的情感依恋，这种情感依恋表现为员工对作为组织成员身份的认同、参与和享受。持续承诺是基于 Becker (1960)[300] 提出的概念，指的是个人由于感知到离开组织的相关成本，从而从事一致的活动的倾向。[249] 也就是说，那些花了一定时间和精力在某一特定工作领域积累经验的员工希望继续留在他们的组织，从而将来能得到相应的回报。规范承诺起源于 Wiener(1982) 提出的概念，被定义为员工对其组织的责任感。[306] Meyer 和 Allen(1991)指出，具有强烈规范承诺的员工将依靠他们对组织的责任感继续留在组织中，因为他们认为这是"正确和道德"的事情。[250]

根据 Allen 和 Meyer(1990) 的研究，这三个维度中的每一个维度都代表了一种不同的心理状态。员工会同时具备不同维度的承诺，但对应的承诺程度可能有所不同。他们进一步指出，有强烈情感承诺的员工因为他们想要保持，有持续承诺的员工因为他们需要，而有强烈规范承诺的员工因为他们觉得他们应该这样做。[249] 因此，不同维度的组织承诺能从不同心理状态反映员工留在组织背后的原因。

Eisenberger 等人(1986)通过互惠规范和社会交换理论提出，组织承诺的关键是员工对其组织的支持。一旦员工感受到组织的支持，他们就会感受到一种义务感。[5] 同样，Eisenberger 等人(1990)、Rhoades 等人(2001)发现，当员工感受到组织的支持时，这会提高他们对组织的承诺，同时减少他们的离职意愿，用更具创新性的解决方案和工作执行力来回报组织。[8][125] 因此，笔者也认为组织支持感会增加员工的组织承诺。首先，组织支持感所蕴含的关怀、认同和尊重会满足员工的社会情感需求，使员工将组织成员身份和角色地位融入社会认同，从而增强员工对组织的情感承诺，有助于提高员工的使命感。其次，组织支持感可能会使得员工产生一种关心组织福利的责任,从而帮助组织实现其目标。最后,组织支持感可能会增加员工对离职成本的感知,从而提高员工对公司的持续承诺。

此外,员工具备高的组织承诺能够使组织抓住新的商业机会,通常会对组织的可持续发展绩效产生积极影响。[278]以往研究发现,组织承诺与组织的成长和组织的可持续性发展密切相关。[279][280]因此,员工对组织具有较高承诺可以创造一个持续的工作环境并强化工作场所的可持续价值,从而实现组织中的持续发展。[281]因此,本章提出假设:

H5.3:组织承诺能够中介组织支持感对其感知组织可持续发展绩效的正向影响。

5.2 研究方法

5.2.1 数据收集

为了验证本章的研究假设,笔者同样采用问卷调查法的方式收集数据。笔者实地调查上海多个健身企业或健身组织,以现场发放问卷并当场回收问卷的方式进行数据收集。一共发放问卷 250 份,回收问卷 250 份。为了确保回收问卷的有效性,问卷题项中设置了一些反向题用来排除不认真回答问卷的被访者,例如"总而言之,我对我的工作感到很满意""总的来说,我不喜欢我的工作"。如果被访者反向题答案与其相关题项答案矛盾的问卷则被视为无效问卷。[266]其次,问卷答复明显具有某些规律性的问卷也被判为无效问卷,例如问卷答案均为某一相同选项。经过筛选之后,回收的 250 份问卷中最后一共 221 份有效问卷,问卷有效率为 88.4%。这 221 份问卷即为本书的有效分析样本,其描述性统计如表 5-1 所示。

表 5-1　样本特征的描述性统计($N=221$)

特点	分类	人数/人	百分比/%
性别	男	205	92.8
	女	16	7.2
职位	普通教练	149	67.4
	教练总监	47	21.3
	企业管理者	25	11.3
年龄	20 岁及以下	50	22.6
	21—25 岁	101	45.7
	26—30 岁	38	17.2
	31—35 岁	22	10.0
	36 岁及以上	10	4.5
婚姻状况	未婚	119	53.8
	已婚	102	46.2
教育	高中及以下	56	25.3
	专科	59	26.7
	本科	87	39.4
	硕士及以上	19	8.6
本岗工作年限	1 年以内	17	7.7
	1—2 年	78	35.3
	2—3 年	81	36.7
	3—4 年	27	12.2
	4 年及以上	18	8.1
月收入	5 000 元及以下	23	10.4
	5 001—7 500 元	35	15.8
	7 501—10 000 元	89	40.3
	10 001—12 500 元	44	19.9
	12 500 元以上	30	13.6

5.2.2 测量工具

本章研究涉及的变量包括组织支持感、工作满意度、组织承诺、员工感知组织可持续发展绩效和个人—组织契合。为了确保这些变量的量表具有较好的内容效度和结构效度,各个变量的量表均采用或借鉴国内外著名期刊上的成熟量表。首先,组织支持感的测量量表的题项参考了 Eisenberger(1986)[5]、Lamm 等人(2015)[307]、McMillin(1997)[267]、陈志霞和陈剑峰(2008)[85]以及陈志霞和陈传红(2010)[86]所使用的组织支持感测量量表;工作满意度的量表采用 Cammann 等人(1983)开发的量表[308],包括"总而言之,我对我的工作感到很满意",以及"总的来说,我不喜欢我的工作(反向题)"等题项。组织承诺的量表采用 Wang 等人(2018)[268]开发的组织承诺量表,该量表参考了 Allen 和 Meyer (1990)[249]开发的组织承诺量表,并且适用于中国员工,包括三个维度,即情感承诺、持续承诺和规范承诺。情感承诺包括"现工作单位的问题就是我的问题"和"我对现工作单位有强烈的归属感"等题项。持续承诺包括"我留在本单位并为其努力工作是因为没有什么其他好的选择"和"我留在本单位并为其努力工作是因为如果离开现单位损失太大"等题项。规范承诺包括"我留在本单位并为其努力工作是因为对单位有义务"和"即使现在有个更好的单位让我选择,我也不会离开本单位"等题项。个人—组织契合量表采用 Resick 等人(2007)[273]开发的个人—组织契合量表,该量表参考了 Cable 和 Judge(1996)[56]、Saks 和 Ashforth(1997)[58]开发的个人—组织契合问卷。

最后,员工感知组织可持续发展绩效的量表采用了 Lee 和 Ha-Brookshire (2017)[309]开发的三维量表,共包括八个题项。第一个维度是财务绩效,包括"我知道我的公司在销售和利润增长方面具有竞争优势"、"我知道我们公司在节省成本和提高效率方面具有竞争优势"和"我知道我们的公司在品牌价值方面具有竞争优势"等题项。第二个维度是社会绩效,包括"我知道我的公司努力成为一位优秀的企业公民"和"我知道我的公司尊重商业道德"等题项。第三个维度是环境绩效,包括"我知道我的公司提倡大家减少使用、提高再利用和再回收"、"我知道我的公司提倡减少公司产品对环境的负面影响"和"我的公司在努力提高能源效率"等题项。

由于所有变量的量表均为英文,因此笔者采用 Brislin(1970)的翻译和回译(translation and back-translation)的方法,以确保问卷翻译的准确性。[274] 笔者首先邀请了 2 位以中英文为母语的管理学院华人留学生研究生,其中一位华人留学生研究生将相关的英文成熟量表翻译成中文量表,而另外一位华人留学生研究生在没看过原英文量表的情况下,将前者翻译的中文量表再翻译成英文量表。接着,笔者邀请了 1 位相关领域的教授、1 位博士生和 3 位硕士生,对所有量表的翻译和描述的准确性进行研讨及修正,仔细修改每个题项的表述,确保量表题项符合研究情境。

(1)情感性组织支持感的测量

和第 4 章一样,本章节中组织支持感量表参考了 Eisenberger(1986)[5]、McMillin(1997)[267]、陈志霞和陈剑峰(2008)[85] 以及陈志霞和陈传红(2010)[86]所使用的组织支持感量表,并且量表采用李克特 7 级量表:1=非常不同意;2=不同意;3=比较不同意;4=不清楚;5=比较同意;6=同意;7=非常同意。情感性组织支持感量表包含 7 个条目,总体得分越高,说明被访者感受到的情感性组织支持感越高。

表 5-2　情感性组织支持感测量量表

编号	测量题项
AFF01	单位关心我的福利
AFF02	单位尊重我的意见
AFF03	当我在工作中遇到困难时,单位会帮助我
AFF04	当我在生活上遇到困难时,单位会尽力帮助我
AFF05	单位尊重我的目标和价值
AFF06	单位关心我的个人发展
AFF07	单位关心我的个人感受

（2）工具性组织支持感的测量

表 5-3 工具性组织支持感测量量表

编号	测量题项
INS01	单位为我提供良好的工作环境和条件设施
INS02	单位为我提供工作所需的人员和资讯支持
INS03	单位为我提供工作所需的培训或相关支持

工具性组织支持感量表也参考了 Eisenberger（1986）[5]、McMillin（1997）[267]、陈志霞和陈剑峰（2008）[85]以及陈志霞和陈传红（2010）[86]所使用的组织支持感量表，并且量表也采用李克特 7 级量表：1＝非常不同意；2＝不同意；3＝比较不同意；4＝不清楚；5＝比较同意；6＝同意；7＝非常同意。工具性组织支持感量表包含 3 个条目，总体得分越高，说明被访者感受到的工具性组织支持感越高。

（3）工作满意度的测量

工作满意度的量表采用 Cammann 等人（1983）[308]开发的量表，量表采用李克特 7 级量表：1＝非常不同意；2＝不同意；3＝比较不同意；4＝不清楚；5＝比较同意；6＝同意；7＝非常同意。工作满意度的量表包含 3 个题项，其中第二个题项为反向计分，负向题项得分用 8 减去其得分后为最后得分。得分越高，说明被访者的工作满意度越高。具体如表 5-4 所示。

表 5-4 工作满意度的测量量表

编号	测量题项
JS01	总而言之，我对我的工作感到很满意
JS02	总的来说，我不喜欢我的工作（反向计分）
JS03	总的来说，我喜欢在目前的公司工作

（4）组织承诺的测量

组织承诺的量表采用 Wang 等人（2018）[268]开发的组织承诺量表，该量表参考了 Allen 和 Meyer（1990）[249]开发的组织承诺量表，并且适用于中国员工，包括三个维度，即情感承诺、持续承诺和规范承诺。量表采用李克特 7 级量表；

1＝非常不同意;2＝不同意;3＝比较不同意;4＝不清楚;5＝比较同意;6＝同意;7＝非常同意。量表包含 12 个题项,得分越高,说明被访者的组织承诺越高。具体如表 5-5 所示。

表 5-5　组织承诺测量量表

编号	测量题项
ACO01	现工作单位的问题就是我的问题
ACO02	我对现工作单位有强烈的归属感
ACO03	我对自己的工作单位在感情上非常依恋
ACO04	现工作单位对我很重要
ACO05	提起自己的工作单位我感到自豪
CCO01	我留在本单位并为其努力工作是因为没有什么其他好的选择
CCO02	我留在本单位并为其努力工作是因为如果离开现单位损失太大
CCO03	如果我离开本单位我会失去现在的地位
CCO04	如果我离开本单位我的生活会受到影响
NCO01	我留在本单位并为其努力工作是因为对单位有义务
NCO02	即使现在有个更好的单位让我选择,我也不会离开本单位
NCO03	如果我离开本单位,我就成为一个失信的人

（5）员工感知组织可持续发展绩效的测量

员工感知组织可持续发展绩效的量表采用了 Lee 和 Ha-Brookshire (2017)[309]开发的三维量表。量表采用李克特 7 级量表;1＝非常不同意;2＝不同意;3＝比较不同意;4＝不清楚;5＝比较同意;6＝同意;7＝非常同意。量表包含 3 个维度,即财务绩效、社会绩效和环境绩效。量表包含 8 个题项,得分越高,说明组织的可持续发展绩效越好。具体如表 5-6 所示。

表 5-6　感知可持续发展绩效测量量表

编号	测量题项
FP01	我知道我的公司在销售和利润增长方面具有竞争优势
FP02	我知道我们公司在节省成本和提高效率方面具有竞争优势
FP03	我知道我们的公司在品牌价值方面具有竞争优势

编号	测量题项
SP01	我知道我的公司努力成为一位优秀的企业公民
SP02	我知道我的公司尊重商业道德
EP01	我知道我的公司提倡大家减少使用、提高再利用和再回收
EP02	我知道我的公司提倡减少公司产品对环境的负面影响
EP03	我的公司在努力提高能源效率

（6）个人—组织契合的测量

个人—组织契合量表采用 Resick 等人（2007）[273]开发的个人—组织契合量表，该量表参考了 Cable 和 Judge（1996）[56]、Saks 和 Ashforth（1997）[58]开发的个人—组织契合问卷。量表采用李克特 7 级量表：1＝非常不同意；2＝不同意；3＝比较不同意；4＝不清楚；5＝比较同意；6＝同意；7＝非常同意。量表包含 5个题项，总体得分越高，说明被访者的个人—组织契合越强。个人—组织契合量表具体内容详见表 5-7。

表 5-7　个人—组织契合测量量表

编号	测量题项
FIT01	我感觉我的价值观和这个单位以及单位目前的员工的价值观非常符合
FIT02	我认为这个单位的价值观和个性反映了我自己的价值观和个性
FIT03	这个单位的价值观和我自己的价值观非常相近
FIT04	我的价值观和这个单位目前的员工的价值观很契合
FIT05	我感觉我的个性和这个单位的个性或形象非常匹配

5.2.3　信度和效度检验

（1）情感性组织支持感的信度效度分析

笔者采用 SPSS 22 软件对变量"情感性组织支持感"进行信度检验和因子分析。变量"情感性组织支持感"的 Cronbach α 系数为 0.966，组合信度为0.972，皆大于良好标准 0.9，表示变量"情感性组织支持感"的测量结果信度良好。变量"情感性组织支持感"的 KMO 值为 0.879，Bartlett 检验卡方值的显著

性概率 $p < 0.001$，因此符合因子分析的要求。此外，根据因子分析结果显示，变量"情感性组织支持感"中每个题项的因子载荷都大于 0.8，并且都处在同一个维度上，因此，不需剔除任何题项。

表 5-8　情感性组织支持感的因子分析和信度检验结果（$N = 221$）

测量条款	因子载荷	信度
AFF01	0.912	Cronbach α=0.966
AFF02	0.883	组合信度=0.972
AFF03	0.900	
AFF04	0.859	
AFF05	0.912	
AFF06	0.959	
AFF07	0.966	
累计方差百分比	83.5%	
KMO	0.879	
Bartlett 检验卡方值	2 114.321	
显著性概率 Sig.	0.000	

（2）工具性组织支持感的信度效度分析

表 5-9　工具性组织支持感的因子分析和信度检验结果（$N = 221$）

测量条款	因子载荷	信度
INS01	0.898	Cronbach α=0.865
INS02	0.884	组合信度=0.917
INS03	0.880	
累计方差百分比	78.7%	
KMO	0.736	
Bartlett 检验卡方值	312.101	
显著性概率 Sig.	0.000	

笔者接着对变量"工具性组织支持感"进行信度检验和因子分析。变量"工具性组织支持感"的 Cronbach α 系数为 0.865，组合信度为 0.917，说明变量"工具性组织支持感"的测量结果具有良好的信度。变量"工具性组织支持感"的

KMO 值为 0.736,Bartlett 检验卡方值的显著性概率 $p<0.001$,因此符合因子分析的要求。此外,根据因子分析结果显示,变量"工具性组织支持感"中每个题项的因子载荷都大于 0.8,并且都处在同一个维度上,因此,不需剔除任何题项。

(3)工作满意度的信度效度分析

笔者采用 SPSS 22 统计分析软件对变量工作满意度进行信度检验和因子分析。由表 5-10 可知,工作满意度的 Cronbach α 系数为 0.912,组合信度为 0.945,说明具有良好的测量信度。工作满意度的 KMO 值为 0.747,Bartlett 检验卡方值显著性概率 p 值小于 0.001,可以进行因子分析。并且,因子分析结果中每个题项的因子载荷都大于 0.9,并且都在一个维度上,因此,不需删除任何题项。

表 5-10　工作满意度的因子分析和信度检验结果($N=221$)

测量条款	因子载荷	信度
JS01	0.914	Cronbach $\alpha=0.912$
JS02	0.940	组合信度$=0.945$
JS03	0.914	
累计方差百分比	85.1%	
KMO	0.747	
Bartlett 检验卡方值	458.668	
显著性概率 Sig.	0.000	

(4)组织承诺的信度效度分析

笔者采用 SPSS 22 统计分析软件对变量组织承诺进行信度检验和因子分析。由表 5-11 可知,组织承诺的 Cronbach α 系数为 0.920,组合信度为 0.733,因此信度较好。组织承诺的 KMO 值为 0.862,Bartlett 检验卡方值显著性概率 p 值小于 0.001,可以进行因子分析。因子分析结果显示正交旋转后每个题项刚好在对应的维度上,并且对应的因子载荷都大于 0.7,因此,不需删除任何题项。

表 5-11　组织承诺的因子分析和信度检验结果($N=221$)

测量条款	因子载荷 1	因子载荷 2	因子载荷 3	信度
ACO01	0.828	0.208	0.307	Cronbach α＝0.920
ACO02	0.879	0.225	0.189	组合信度＝0.733
ACO03	0.772	0.219	0.399	
ACO04	0.835	0.169	0.312	
ACO05	0.827	0.263	0.177	
CCO01	0.221	0.900	0.035	
CCO02	0.257	0.837	0.103	
CCO03	0.202	0.920	0.045	
CCO04	0.118	0.711	0.220	
NCO01	0.296	0.124	0.885	
NCO02	0.259	0.109	0.901	
NCO03	0.338	0.113	0.839	
累计方差百分比	81.6%			
KMO	0.862			
Bartlett 检验卡方值	2 625.954			
显著性概率 Sig.	0.000			

（5）员工感知组织可持续发展绩效的信度效度分析

笔者采用 SPSS 22 统计分析软件对员工感知组织可持续发展绩效进行信度检验和因子分析。由表 5-12 可知，员工感知组织可持续发展绩效的 Cronbach α 系数为 0.900，组合信度为 0.789，因此信度较好。员工感知组织可持续发展绩效的 KMO 值为 0.831，Bartlett 检验卡方值显著性概率 p 值小于 0.001，可以进行因子分析。因子分析结果显示正交旋转后每个题项都在对应的维度上，并且对应的因子载荷都大于 0.7，因此，不需删除任何题项。

表 5-12　组织承诺的因子分析和信度检验结果($N=221$)

测量条款	因子载荷 1	因子载荷 2	因子载荷 3	信度
FP01	0.273	0.879	0.173	Cronbach α＝0.900
FP02	0.262	0.868	0.217	组合信度＝0.789

（续表）

测量条款	因子载荷 1	因子载荷 2	因子载荷 3	信度
FP03	0.403	0.768	0.151	
SP01	0.167	0.172	0.930	
SP02	0.198	0.202	0.915	
EP01	0.861	0.309	0.192	
EP02	0.881	0.285	0.168	
EP03	0.850	0.304	0.171	
累计方差百分比 KMO Bartlett 检验卡方值 显著性概率 Sig.	87.1% 0.831 1 377.984 0.000			

（6）个人—组织契合的信度效度分析

表 5-13　个人—组织契合的因子分析和信度检验结果（N＝221）

测量条款	因子载荷	信度
FIT01	0.982	Cronbach α＝0.972
FIT02	0.945	组合信度＝0.978
FIT03	0.933	
FIT04	0.944	
FIT04	0.940	
累计方差百分比 KMO Bartlett 检验卡方值 显著性概率 Sig.	90.0% 0.903 1 587.351 0.000	

　　笔者采用 SPSS 22 软件对变量"个人—组织契合"进行信度检验和因子分析。具体分析结果由表 5-13 所示,变量"个人—组织契合"的 Cronbach α 系数为0.972,组合信度为 0.978,说明变量"个人—组织契合"测量结果具有良好的信度。变量"个人—组织契合"的 KMO 值为 0.907,Bartlett 检验卡方值的显著性概率 $p < 0.001$,因此符合因子分析的要求。此外,根据因子分析结果显示,变量

"个人—组织契合"中每个题项的因子载荷都大于0.9,并且都处在同一个维度上,因此,不需剔除任何题项。

(7)变量的聚合效度和判别效度分析

接下来对各个构念的聚合效度和判别效度进行分析。如表5-14所示,情感性组织支持感、工具性组织支持感、工作满意度、情感承诺、持续承诺、规范承诺、财务绩效、社会绩效和环境绩效的 AVE 值均大于0.5。因此,问卷的聚合效度良好。此外,情感性组织支持感、工具性组织支持感、工作满意度、情感承诺、持续承诺、规范承诺、财务绩效、社会绩效和环境绩效两两之间的直接相关系数小于其 AVE 的均方根,说明问卷具有较好的判别效度。

表 5-14 各个构念的 AVE 与相关系数

	1	2	3	4	5	6
1. 情感性组织支持感	**0.835**					
2. 工具性组织支持感	0.345**	**0.787**				
3. 工作满意度	0.611**	0.680**	**0.851**			
4. 组织承诺	0.582**	0.325**	0.587**	**0.512**		
5. 感知组织可持续发展绩效	0.682**	0.462**	0.755**	0.730**	**0.568**	
6. 个人—组织契合	0.076	0.190**	0.102	−0.088	−0.202**	**0.901**

注:对角线是变量的 AVE 值,其他数字代表相关系数;** $p < 0.01$。

5.2.4 共同方法变异检验

为检验本章中问卷测量是否存在共同方法变异(CMV),笔者采用 Harman 单因素来检验共同方法变异。具体来说,笔者将本章中涉及的情感性组织支持感、工具性组织支持感、工作满意度、组织承诺、感知组织可持续发展绩效和个人—组织契合一起进行探索性因子分析。结果显示,没有旋转的探索性因子分析的第一个因子的解释力为24.087%。因此,可以认为本章节研究中共同方法变异对研究结果产生的影响不显著。

5.3 不同个人—组织契合下组织支持感对感知组织可持续发展绩效的影响

5.3.1 高个人—组织契合和低个人—组织契合

在本章的样本数据中,变量"个人—组织契合"的均值为 3.913。因此,笔者基于变量"个人—组织契合"的均值将样本分为两组,其中被访者"个人—组织契合"的均值大于或等于 3.913 的进入高契合组,而被访者"个人—组织契合"的均值小于 3.913 的进入低契合组。高个人—组织契合组和低个人—组织契合组感知组织可持续发展绩效的描述性统计详见表 5-15。

表 5-15　不同契合组的个人—组织契合和感知组织可持续发展绩效描述性统计($N=221$)

		高契合组($N=107$)	低契合组($N=114$)
个人—组织契合	M	5.419	2.500
	SD	1.033	0.951
感知组织可持续发展绩效	M	4.173	4.632
	SD	1.001	0.902

5.3.2 高契合下组织支持感对感知组织可持续发展绩效的影响

为了探索高个人—组织契合下"情感性组织支持感"和"工具性组织支持感"对"感知组织可持续发展绩效"的作用,在高个人—组织契合组样本中,笔者以感知组织可持续发展绩效作为因变量,以情感性组织支持感和工具性组织支持感为自变量进行了分层回归分析,共建立了三个回归方程,分析结果详见表 5-16。第一步,笔者以感知组织可持续发展绩效作为因变量,将控制变量,如性别、年龄、婚姻状况、教育程度、本岗工作年限、职位和收入等个体特征加入回归模型中;第二步,笔者以感知组织可持续发展绩效作为因变量,除了将第一步中的控制变量加入回归模型外,还将"情感性组织支持感"和"工具性组织支持感"也加入回归模型中;第三步,笔者以感知组织可持续发展绩效作为因变量,除了将第一步中的控制变量、第二步中的情感性组织支持感和工具性组织支持感加入回归模型外,还将"情感性组织支持感的平方"和"工具性组织支持感的平方"加入归回模型中。

表 5-16　高契合下组织支持感与感知组织可持续发展绩效的分层多元结果($N=107$)

变量	R	R^2	ΔR^2	ΔF	Sig. F Change
第一步:控制变量	0.297	0.088	0.088	0.927	0.512
第二步:两种组织支持感	0.948	0.898	0.810	373.109	0.000
第三步:两种组织支持感平方	0.949	0.900	0.002	0.910	0.406

表 5-17　高契合下组织支持感与感知组织可持续发展绩效的分层多元结果($N=107$)

变量	第一步			第二步		
	系数	标准差	p 值	系数	标准差	p 值
截距	3.223	0.769	0.000	0.198	0.282	0.484
性别(女性)	0.207	0.443	0.641	0.034	0.153	0.825
年龄	−0.030	0.105	0.775	0.051	0.036	0.152
婚姻(已婚)	0.017	0.260	0.948	−0.056	0.088	0.524
教育(专科)	0.092	0.274	0.737	−0.143	0.093	0.128
教育(本科)	0.386	0.267	0.152	−0.085	0.092	0.358
教育(硕士及以上)	0.854	0.424	0.047	−0.079	0.148	0.595
本岗工作年限	0.097	0.144	0.500	−0.020	0.049	0.686
职位(普通教练)	0.394	0.459	0.393	−0.365	0.158	0.023
职位(教练总监)	0.611	0.418	0.147	−0.316	0.148	0.035
收入	0.037	0.133	0.780	−0.065	0.045	0.154
情感性组织支持感				0.574	0.036	0.000
工具性情感支持感				0.404	0.034	0.000

表 5-16 显示,当将变量"情感性组织支持感"和变量"工具性组织支持感"加入第一步的回归模型后,构建的第二个回归模型对被解释变量"感知组织可持续发展绩效"的解释率比第一个回归模型的解释率显著增加了 81.0%,这说明组织支持感对感知组织可持续发展绩效有显著的预测力。当将情感性组织

支持感的平方和工具性组织支持感的平方加入第二步的回归模型后,构建的第三个回归模型对被解释变量"感知组织可持续发展绩效"的解释率相较于第二个回归模型的解释率提高了 0.2%,F 值变化不显著,这表明在高个人—组织契合下,组织支持感的平方对感知组织可持续发展绩效不存在显著的预测力。因此,本书在表 5-17 中只展示前两步回归模型的详细结果。

第二步的回归模型结果显示,在高个人—组织契合下,变量"职位"对员工的感知组织可持续发展绩效有显著影响,其中依旧职位是普通教练($b=-0.365,p<0.05$)和教练总监($b=-0.316,p<0.05$)的员工的感知组织可持续发展绩效比管理层更低。此外,员工的情感性组织支持感($b=0.574,p<0.001$)和工具性组织支持感($b=0.404,p<0.001$)能够显著提高他们的感知组织可持续发展绩效。因此,假设 H5.2a 成立。

5.3.3 低契合下组织支持感对感知组织可持续发展绩效的影响

为了探索低个人—组织契合下"情感性组织支持感"和"工具性组织支持感"对"感知组织可持续发展绩效"的作用,在低个人—组织契合组样本中,笔者以感知组织可持续发展绩效作为因变量,以情感性组织支持感和工具性组织支持感为自变量进行了分层回归分析,共建立了三个回归方程,分析结果详见表 5-18。整个分析过程如下:第一步,以感知组织可持续发展绩效作为因变量,将控制变量,如性别、年龄、婚姻状况、教育程度、本岗工作年限、职位和收入等个体特征加入回归模型中;第二步,以感知组织可持续发展绩效作为因变量,除了将第一步中的控制变量加入回归模型外,还将"情感性组织支持感"和"工具性组织支持感"也加入回归模型中;第三步,以感知组织可持续发展绩效作为因变量,除了将第一步中的控制变量、情感性组织支持感和工具性组织支持感加入回归模型外,还将"情感性组织支持感"的平方和"工具性组织支持感"的平方加入归回模型中。

表 5-18　低契合下组织支持感与感知组织可持续发展绩效的分层多元结果($N=114$)

变量	R	R^2	ΔR^2	ΔF	Sig. F Change
第一步:控制变量	0.254	0.064	0.064	0.708	0.715
第二步:两种组织支持感	0.711	0.505	0.441	44.988	0.000
第三步:两种组织支持感平方	0.752	0.565	0.060	6.820	0.002

　　根据表 5-18 显示,当将变量"情感性组织支持感"和变量"工具性组织支持感"加入第一步的回归模型后,构建的第二个回归模型对被解释变量"感知组织可持续发展绩效"的解释率比第一个回归模型的解释率显著增加了 44.1%,这说明组织支持感对感知组织可持续发展绩效有显著的预测力。当将情感性组织支持感的平方和工具性组织支持感的平方加入第二步的回归模型后,构建的第三个回归模型对被解释变量"感知组织可持续发展绩效"的解释率相较于第二个回归模型的解释率提高了 6.0%。这表明组织支持感的平方能够显著预测员工的感知组织可持续发展绩效。换言之,在低个人—组织契合下,组织支持感对感知组织可持续发展绩效的作用呈现曲线的趋势。因此,本书在表 5-19 中展示完整的三步回归分析的结果。

　　第二步回归模型的结果显示,员工感知到的工具性组织支持感能够显著地提高他们的感知组织可持续发展绩效($b=0.466,p<0.001$),员工感知到的情感性组织支持感同样也能显著提高他们的感知组织可持续发展绩效($b=0.159,p<0.01$)。第三步的回归模型显示,员工的组织支持感对离职意愿的作用呈现曲线趋势。具体而言,员工感知到的情感性组织支持感($b=0.913,p<0.001$)和工具性组织支持感($b=0.607,p<0.05$)能够显著提高他们的感知组织可持续发展绩效,但是情感性组织支持感平方($b=-0.065,p<0.05$)和工具性组织支持感平方($b=-0.059,p<0.05$)却显著降低他们的感知组织可持续发展绩效。换言之,当个人—组织契合较低时,如果员工感知到的组织支持适中,组织支持感能有效提高感知组织可持续发展绩效;但是如果员工感知到的组织支持过分强烈,反而会降低他们的感知组织可持续发展绩效。因此,本章研究的假设 H5.2b 成立。综合 5.3.2 节和 5.3.3 节的分析结果,假设 H5.1 和 H5.2 成立。

表 5-19　低契合下组织支持感与感知组织可持续发展绩效的分层多元结果（$N=114$）（续）

变量	第一步			第二步			第三步		
	系数	标准差	p 值	系数	标准差	p 值	系数	标准差	p 值
截距	3.943	0.729	0.000	1.513	0.594	0.012	0.135	0.680	0.843
性别（女性）	0.160	0.306	0.602	0.231	0.225	0.307	0.210	0.213	0.327
年龄	0.135	0.116	0.247	0.028	0.086	0.743	-0.004	0.083	0.965
婚姻（已婚）	0.043	0.218	0.844	-0.049	0.162	0.765	0.012	0.154	0.940
教育（专科）	0.434	0.265	0.105	0.112	0.204	0.583	0.059	0.196	0.763
教育（本科）	0.312	0.234	0.185	-0.005	0.179	0.978	-0.097	0.173	0.574
教育（硕士及以上）	-0.037	0.355	0.918	0.116	0.267	0.665	-0.016	0.261	0.952
本岗工作年限	0.060	0.107	0.579	-0.033	0.079	0.674	0.002	0.076	0.976
职位（普通教练）	-0.083	0.399	0.836	0.390	0.298	0.193	0.367	0.286	0.202
职位（教练总监）	-0.115	0.325	0.724	0.198	0.243	0.417	0.182	0.230	0.431
收入	0.011	0.127	0.930	0.051	0.093	0.584	0.072	0.089	0.418
情感性组织支持感				0.466	0.057	0.000	0.913	0.227	0.000
工具性情感支持感				0.159	0.049	0.001	0.607	0.242	0.014
情感性组织支持感平方							-0.065	0.029	0.025
工具性情感支持平方							-0.059	0.028	0.036

5.4 组织承诺和工作满意度的中介作用

5.4.1 高契合下组织承诺和工作满意度的中介作用

本书采用分层多元回归分析检验:在高个人—组织契合下,组织承诺和工作满意度是否中介了组织支持感和感知组织可持续发展绩效之间的关系。首先,检验过自变量"组织支持感"和因变量"感知组织可持续发展绩效"之间的关系(章节 5.3.2 已经检验过)。第二步,检验自变量"组织支持感"和中介变量"组织承诺"与"工作满意度"之间的关系。

首先,检验在高契合组样本中变量"组织承诺"的中介作用,笔者将其作为回归模型中的因变量,以情感性组织支持感和工具性组织支持感为自变量进行了分层回归分析,建立了两个回归方程,回归分析结果详见表 5-20。具体步骤如下:第一步,将"组织承诺"作为因变量,将控制变量,如性别、年龄、婚姻状况、教育程度、本岗工作年限、职位和收入等个体特征加入回归模型中;第二步,将"组织承诺"作为因变量,除了将第一步中的控制变量加入回归模型外,还将"情感性组织支持感"和"工具性组织支持感"加入回归模型中。

表 5-20　高契合下组织支持感与组织承诺的分层多元结果($N=107$)

变量	R	R^2	ΔR^2	ΔF	Sig. F Change
第一步:控制变量	0.378	0.143	0.143	1.605	0.117
第二步:两种组织支持感	0.808	0.653	0.509	68.889	0.000

根据表 5-20 显示,当将变量"情感性组织支持感"和变量"工具性组织支持感"加入第一步的回归模型后,构建的第二个回归模型对被解释变量"组织承诺"的解释率比第一个回归模型的解释率显著增加了 50.9%,说明"组织支持感"对"组织承诺"有显著的预测力。具体的回归分析结果如表 5-21 所示。在高契合下,员工的情感性组织支持感($b=0.463,p<0.001$)和工具性组织支持感($b=0.259,p<0.001$)均能显著地提高他们的组织承诺。

表 5-21　高契合下组织支持感与组织承诺的分层多元结果($N=107$)(续)

变量	第一步			第二步		
	系数	标准差	p 值	系数	标准差	p 值
截距	3.406	0.696	0.000	1.179	0.487	0.017
性别(女性)	−0.029	0.401	0.942	−0.120	0.263	0.651
年龄	−0.066	0.095	0.489	0.000	0.061	0.994
婚姻(已婚)	−0.096	0.236	0.683	−0.153	0.152	0.317
教育(专科)	0.129	0.248	0.605	−0.045	0.160	0.780
教育(本科)	0.162	0.241	0.504	−0.183	0.158	0.250
教育(硕士及以上)	0.806	0.384	0.038	0.131	0.254	0.608
本岗工作年限	0.176	0.130	0.181	0.084	0.084	0.324
职位(普通教练)	0.120	0.416	0.774	−0.455	0.272	0.098
职位(教练总监)	0.817	0.378	0.033	0.097	0.255	0.706
收入	0.026	0.121	0.832	−0.049	0.078	0.533
情感性组织支持感				0.463	0.063	0.000
工具性情感支持感				0.259	0.058	0.000

　　笔者接着检验在高契合组样本中变量"工作满意度"的中介作用,将其作为回归模型中的因变量,以情感性组织支持感和工具性组织支持感为自变量进行了分层回归分析,建立了两个回归方程,回归分析结果详见表 5-22。第一步,笔者将"工作满意度"作为因变量,将控制变量,如性别、年龄、婚姻状况、教育程度、本岗工作年限、职位和收入等个体特征加入回归模型中;第二步,笔者将"工作满意度"作为因变量,除了将第一步中的控制变量加入回归模型外,还将"情感性组织支持感"和"工具性组织支持感"加入回归模型中。

表 5-22　高契合下组织支持感与工作满意度的分层多元结果($N=107$)

变量	R	R^2	ΔR^2	ΔF	Sig. F Change
第一步:控制变量	0.334	0.112	0.112	1.208	0.296
第二步:两种组织支持感	0.918	0.842	0.730	217.285	0.000

　　根据表 5-22 显示,当将变量"情感性组织支持感"和变量"工具性组织支持感"加入第一步的回归模型后,构建的第二个回归模型对被解释变量"工作满意

度"的解释率比第一个回归模型的解释率显著增加了 73.0%,说明"组织支持感"对"工作满意度"有显著的预测力。具体的回归分析结果如表 5-23 所示。第二步回归模型的结果显示,在高个人—组织契合下,员工的情感性组织支持感($b=0.423, p<0.001$)和工具性组织支持感($b=0.641, p<0.001$)皆能够显著地提高他们的工作满意度。

表 5-23　高契合下组织支持感与工作满意度的分层多元结果($N=107$)(续)

变量	第一步			第二步		
	系数	标准差	p 值	系数	标准差	p 值
截距	2.667	0.890	0.003	−0.656	0.412	0.115
性别(女性)	0.140	0.513	0.785	−0.244	0.223	0.277
年龄	−0.029	0.121	0.810	0.033	0.052	0.528
婚姻(已婚)	0.147	0.302	0.627	0.077	0.129	0.550
教育(专科)	0.123	0.317	0.698	−0.132	0.136	0.333
教育(本科)	0.394	0.309	0.206	−0.129	0.134	0.339
教育(硕士及以上)	1.095	0.491	0.028	0.009	0.216	0.967
本岗工作年限	0.069	0.167	0.679	−0.031	0.072	0.663
职位(普通教练)	0.758	0.532	0.157	0.009	0.231	0.970
职位(教练总监)	0.900	0.484	0.066	0.079	0.216	0.715
收入	0.181	0.155	0.245	0.063	0.066	0.340
情感性组织支持感				0.423	0.053	0.000
工具性情感支持感				0.641	0.049	0.000

接下来,笔者将检验变量"组织承诺"、"工作满意度"和变量"感知组织可持续发展绩效"之间的关系。笔者先在高个人—组织契合组样本中以感知组织可持续发展绩效作为因变量,以组织承诺和工作满意度为自变量进行了分层回归分析,建立了两个回归方程,结果如表 5-24 所示。具体步骤如下:第一步,将"感知组织可持续发展绩效"作为因变量,将控制变量,如性别、年龄、婚姻状况、教育程度、本岗工作年限、职位和收入等个体特征加入回归模型中;第二步,将"感知组织可持续发展绩效"作为因变量,除了将第一步中的控制变量加入回归模型外,还将"组织承诺"和"工作满意度"也加入回归模型中。

表5-24 高契合下组织承诺、工作满意度和感知组织可持续发展绩效
的分层多元结果($N=107$)

变量	R	R^2	ΔR^2	ΔF	Sig. F Change
第一步:控制变量	0.297	0.088	0.088	0.927	0.512
第二步:组织承诺和工作满意度	0.901	0.811	0.723	180.257	0.000

根据表5-24显示,当将变量"组织承诺"和变量"工作满意度"加入第一步的回归模型后,构建的第二个回归模型对被解释变量"感知组织可持续发展绩效"的解释率比第一个回归模型的解释率显著增加了72.3%,说明"组织承诺"和"工作满意度"对"感知组织可持续发展绩效"有显著的预测力。具体的回归分析结果如表5-25所示。第二步回归模型的结果显示,"组织承诺"能够显著提高员工的感知组织可持续发展绩效($b=0.299,p<0.001$),"工作满意度"也能显著提高员工的感知组织可持续发展绩效($b=0.578,p<0.001$)。

表5-25 高契合下组织承诺、工作满意度和感知组织可持续发展绩效的
分层多元结果($N=107$)(续)

变量	第一步			第二步		
	系数	标准差	p 值	系数	标准差	p 值
截距	3.223	0.769	0.000	0.664	0.397	0.098
性别(女性)	0.207	0.443	0.641	0.135	0.204	0.510
年龄	−0.030	0.105	0.775	0.007	0.048	0.892
婚姻(已婚)	0.017	0.260	0.948	−0.039	0.121	0.747
教育(专科)	0.092	0.274	0.737	−0.018	0.126	0.890
教育(本科)	0.386	0.267	0.152	0.110	0.124	0.377
教育(硕士及以上)	0.854	0.424	0.047	−0.019	0.200	0.924
本岗工作年限	0.097	0.144	0.500	0.005	0.067	0.941
职位(普通教练)	0.394	0.459	0.393	−0.080	0.215	0.711
职位(教练总监)	0.611	0.418	0.147	−0.154	0.197	0.437
收入	0.037	0.133	0.780	−0.075	0.062	0.232
组织承诺				0.299	0.079	0.000
工作满意度				0.578	0.062	0.000

最后,笔者在高个人—组织契合组的样本中以"感知组织可持续发展绩效"

作为因变量,以"情感性组织支持感"、"工具性组织支持感"、"组织承诺"和"工作满意度"作为自变量进行了分层回归分析,建立了两个回归方程,回归分析结果详见表5-26。具体步骤如下:第一步,将"感知组织可持续发展绩效"作为因变量,将控制变量,如性别、年龄、婚姻状况、教育程度、本岗工作年限、职位和收入等个体特征加入回归模型中;第二步,将"感知组织可持续发展绩效"作为因变量,除了将第一步中的控制变量加入回归模型外,还将"情感性组织支持感"、"工具性组织支持感"、"组织承诺"和"工作满意度"也加入回归模型中。

表5-26 高契合下组织支持感、组织承诺和工作满意度对感知组织可持续发展绩效的分层多元结果($N = 107$)

变量	R	R^2	ΔR^2	ΔF	Sig. F Change
第一步:控制变量	0.297	0.088	0.088	0.927	0.512
第二步:组织支持感、组织承诺和工作满意度	0.983	0.908	0.820	205.851	0.000

根据表5-26显示,当将变量"情感性组织支持感"、"工具性组织支持感"、"组织承诺"和"感知组织可持续发展绩效"加入第一步的回归模型后,构建的第二个回归模型对被解释变量"感知组织可持续发展绩效"的解释率比第一个回归模型的解释率显著增加了82.0%,说明变量"情感性组织支持感"、"工具性组织支持感"、"组织承诺"和"工作满意度"对"感知组织可持续发展绩效"有显著的预测力。具体的回归分析结果如表5-27所示。

回归模型的结果显示,在高个人—组织契合下,组织承诺能够显著提高员工的感知组织可持续发展绩效($b = 0.156, p < 0.05$),工作满意度也能够显著提高员工的感知组织可持续发展绩效($b = 0.095, p < 0.05$)。而员工的情感性组织支持感($b = 0.464, p < 0.001$)和工具性组织支持感($b = 0.279, p < 0.001$)仍然对感知组织可持续发展绩效存在显著的正向影响。因此,在高个人—组织契合下,变量"组织承诺"和"工作满意度"能够部分中介"情感性组织支持感"和"工具性组织支持感"对"感知组织可持续发展绩效"的正向作用。

表 5-27　高契合下组织支持感、组织承诺和工作满意度对感知
组织可持续发展绩效的分层多元结果($N=107$)(续)

变量	第一步			第二步		
	系数	标准差	p 值	系数	标准差	p 值
截距	3.223	0.769	0.000	0.189	0.287	0.512
性别(女性)	0.207	0.443	0.641	0.083	0.147	0.573
年龄	−0.030	0.105	0.775	0.046	0.034	0.179
婚姻(已婚)	0.017	0.260	0.948	−0.054	0.085	0.528
教育(专科)	0.092	0.274	0.737	−0.118	0.090	0.192
教育(本科)	0.386	0.267	0.152	−0.047	0.089	0.595
教育(硕士及以上)	0.854	0.424	0.047	−0.092	0.142	0.516
本岗工作年限	0.097	0.144	0.500	−0.023	0.047	0.630
职位(普通教练)	0.394	0.459	0.393	−0.323	0.154	0.039
职位(教练总监)	0.611	0.418	0.147	−0.338	0.142	0.019
收入	0.037	0.133	0.780	−0.070	0.044	0.112
情感性组织支持感				0.464	0.049	0.000
工具性组织支持感				0.279	0.054	0.000
组织承诺				0.156	0.071	0.031
工作满意度				0.095	0.047	0.047

5.4.2 低契合下组织承诺和工作满意度的中介作用

笔者将采用分层多元回归分析检验:在低个人—组织契合下,组织承诺和工作满意度是否中介了组织支持感和感知组织可持续发展绩效之间的关系。同样地,本节也通过与"高个人—组织契合样本"分析过程中的检验步骤来分析低个人—组织契合下组织承诺和工作满意度的中介作用。首先,前面已经检验过"组织支持感"和因变量"感知组织可持续发展绩效"之间的关系,即"组织支持感"对"感知组织可持续发展绩效"呈现显著的二次曲线关系。第二步,本节先分析在低个人—组织契合组样本中变量"组织承诺"的中介作用,将其作为回归模型中的因变量,以情感性组织支持感、情感性组织支持感的平方、工具性组织支持感和工具性组织支持感的平方为自变量进行了分层回归分析,建立了

两个回归方程,回归分析结果详见表 5-28。具体步骤如下:第一步,将"组织承诺"作为因变量,将控制变量,如性别、年龄、婚姻状况、教育程度、本岗工作年限、职位和收入等个体特征加入回归模型中;第二步,将"组织承诺"作为因变量,除了将第一步中的控制变量加入回归模型外,还将"情感性组织支持感"、"情感性组织支持感的平方"、"工具性组织支持感"和"工具性组织支持感的平方"加入回归模型中。

表 5-28　低契合下组织支持感与组织承诺的分层多元结果($N=114$)

变量	R	R^2	ΔR^2	ΔF	Sig. F Change
第一步:控制变量	0.355	0.126	0.126	1.487	0.155
第二步:两种组织支持感	0.611	0.373	0.247	9.733	0.000

表 5-29　低契合下组织支持感与组织承诺的分层多元结果($N=114$)(续)

变量	第一步			第二步		
	系数	标准差	p 值	系数	标准差	p 值
截距	4.302	0.574	0.000	2.179	0.665	0.001
性别(女性)	−0.145	0.241	0.547	−0.119	0.208	0.569
年龄	0.194	0.091	0.035	0.114	0.081	0.161
婚姻(已婚)	−0.150	0.172	0.385	−0.184	0.151	0.226
教育(专科)	0.243	0.209	0.247	0.097	0.192	0.613
教育(本科)	0.241	0.184	0.194	0.056	0.169	0.743
教育(硕士及以上)	−0.210	0.279	0.454	−0.123	0.255	0.630
本岗工作年限	0.017	0.084	0.838	−0.011	0.074	0.879
职位(普通教练)	−0.249	0.314	0.429	−0.016	0.279	0.954
职位(教练总监)	0.295	0.256	0.252	0.435	0.225	0.056
收入	−0.128	0.100	0.202	−0.097	0.087	0.269
情感性组织支持感				0.675	0.222	0.003
工具性情感支持感				0.196	0.237	0.410
情感性组织支持感平方				−0.054	0.028	0.057
工具性情感支持感平方				−0.022	0.027	0.414

根据表 5-28 显示,当将变量"情感性组织支持感"、"情感性组织支持感的

平方"、"工具性组织支持感"和"工具性组织支持感的平方"加入第一步的回归模型后,构建的第二个回归模型对被解释变量"组织承诺"的解释率比第一个回归模型的解释率显著增加了 24.7%,说明"组织支持感"对"组织承诺"有显著的预测力。具体的回归分析结果如表 5-29 所示。

员工的情感性组织支持感对组织承诺的作用呈现曲线趋势。具体而言,员工感知到的情感性组织支持感($b=0.675,p<0.01$)能够显著地提高他们的组织承诺,但是情感性组织支持感的平方($b=-0.054,p<0.1$)却边际显著降低他们的组织承诺。换言之,当员工的个人—组织契合较低时,如果员工感知到的情感性组织支持感适中,组织支持感能有效提高组织承诺;但是如果员工感知到的情感性组织支持过分强烈,反而会降低他们的组织承诺。但是,员工的工具性组织支持感对组织承诺没有显著作用($b=0.196,p>0.1$)。

接着,笔者检验在低个人—组织契合组样本中变量"工作满意度"的中介作用,将其作为回归模型中的因变量,以"情感性组织支持感"、"情感性组织支持感的平方"、"工具性组织支持感"和"工具性组织支持感的平方"为自变量进行了分层回归分析,建立了两个回归方程,回归分析结果详见表 5-30。具体步骤如下:第一步,将"工作满意度"作为因变量,将控制变量,如性别、年龄、婚姻状况、教育程度、本岗工作年限、职位和收入等个体特征加入回归模型中;第二步,将"工作满意度"作为因变量,除了将第一步中的控制变量加入回归模型外,还将"情感性组织支持感"、"情感性组织支持感的平方"、"工具性组织支持感"和"工具性组织支持感的平方"加入回归模型中。

根据表 5-30 显示,当将变量"情感性组织支持感"、"情感性组织支持感的平方"、"工具性组织支持感"和"工具性组织支持感的平方"加入第一步的回归模型后,构建的第二个回归模型对被解释变量"工作满意度"的解释率比第一个回归模型的解释率显著增加了 55.1%,说明"组织支持感"对"工作满意度"有显著的预测力。具体的回归分析结果如表 5-31 所示。

表 5-30　低契合下组织支持感与工作满意度的分层多元结果（N＝114）

变量	R	R²	ΔR²	ΔF	Sig. F Change
第一步:控制变量	0.338	0.114	0.114	1.331	0.224
第二步:两种组织支持感	0.815	0.665	0.551	40.669	0.000

　　根据回归模型的结果显示,员工的工具性组织支持感对组织承诺的作用呈现曲线趋势。具体而言,员工感知到的工具性组织支持感($b=2.123,p<0.001$)能够显著地提高他们的工作满意度,但是工具性组织支持感的平方($b=-0.208,p<0.001$)却显著降低他们的工作满意度。换言之,当员工的个人—组织契合较低时,如果员工感知到的工具性组织支持感适中,组织支持感能有效提高工作满意度;但是如果员工感知到的工具性组织支持过分强烈,反而会降低他们的工作满意度。但是,员工的情感性组织支持感对工作满意度没有显著作用($b=0.246,p>0.1$)。

表 5-31　低契合下组织支持感与工作满意度的分层多元结果（N＝114）（续）

变量	第一步			第二步		
	系数	标准差	p 值	系数	标准差	p 值
截距	4.434	0.915	0.000	−1.075	0.769	0.166
性别（女性）	0.078	0.384	0.840	0.137	0.241	0.570
年龄	0.170	0.145	0.245	−0.012	0.094	0.897
婚姻（已婚）	0.102	0.274	0.711	0.202	0.175	0.250
教育（专科）	0.728	0.333	0.031	−0.101	0.222	0.649
教育（本科）	0.577	0.294	0.052	−0.206	0.196	0.294
教育（硕士及以上）	0.424	0.445	0.343	−0.135	0.295	0.649
本岗工作年限	0.087	0.134	0.519	0.039	0.086	0.651
职位（普通教练）	−0.928	0.501	0.067	−0.296	0.323	0.363
职位（教练总监）	−0.793	0.408	0.055	−0.358	0.260	0.172
收入	−0.205	0.159	0.201	−0.088	0.101	0.385
情感性组织支持感				0.246	0.258	0.341
工具性情感支持感				2.123	0.274	0.000
情感性组织支持感平方				−0.001	0.033	0.980
工具性情感支持感平方				−0.208	0.031	0.000

接下来,笔者将检验变量"组织承诺"、"工作满意度"和变量"感知组织可持续发展绩效"之间的关系。笔者在低个人—组织契合组样本中以感知组织可持续发展绩效作为因变量,以组织承诺和工作满意度为自变量进行了分层回归分析,建立了两个回归方程,结果如表 5-32 所示。

表 5-32　低契合下组织承诺、工作满意度和感知组织可持续发展绩效的分层多元结果($N=114$)

变量	R	R^2	ΔR^2	ΔF	Sig. F Change
第一步:控制变量	0.254	0.064	0.064	0.708	0.715
第二步:组织承诺和工作满意度	0.842	0.708	0.644	111.451	0.000

具体步骤如下:第一步,将"感知组织可持续发展绩效"作为因变量,将控制变量,如性别、年龄、婚姻状况、教育程度、本岗工作年限、职位和收入等个体特征加入回归模型中;第二步,将"感知组织可持续发展绩效"作为因变量,除了将第一步中的控制变量加入回归模型外,还将"组织承诺"和"工作满意度"也加入回归模型中。

表 5-33　低契合下组织承诺、工作满意度和感知组织可持续发展绩效的分层多元结果($N=114$)(续)

变量	第一步			第二步		
	系数	标准差	p 值	系数	标准差	p 值
截距	3.943	0.729	0.000	−0.341	0.516	0.510
性别(女性)	0.160	0.306	0.602	0.206	0.173	0.235
年龄	0.135	0.116	0.247	−0.046	0.067	0.496
婚姻(已婚)	0.043	0.218	0.844	0.082	0.124	0.511
教育(专科)	0.434	0.265	0.105	−0.014	0.153	0.927
教育(本科)	0.312	0.234	0.185	−0.069	0.135	0.608
教育(硕士及以上)	−0.037	0.355	0.918	−0.104	0.203	0.609
本岗工作年限	0.060	0.107	0.579	0.013	0.060	0.835
职位(普通教练)	−0.083	0.399	0.836	0.455	0.229	0.050
职位(教练总监)	−0.115	0.325	0.724	0.064	0.191	0.737
收入	0.011	0.127	0.930	0.170	0.072	0.021

（续表）

变量	第一步			第二步		
	系数	标准差	p 值	系数	标准差	p 值
组织承诺				0.551	0.079	0.000
工作满意度				0.432	0.049	0.000

根据表 5-32 显示，当将变量"组织承诺"和变量"工作满意度"加入第一步的回归模型后，构建的第二个回归模型对被解释变量"感知组织可持续发展绩效"的解释率比第一个回归模型的解释率显著增加了 64.4%，说明"组织承诺"和"工作满意度"对"感知组织可持续发展绩效"有显著的预测力。具体的回归分析结果如表 5-33 所示。

回归模型的结果显示，在低个人—组织契合下，"组织承诺"能够显著降低员工的感知组织可持续发展绩效（$b=0.551$，$p<0.001$），"工作满意度"也能够提高员工的感知组织可持续发展绩效（$b=0.432$，$p<0.001$）。

最后，笔者在低个人—组织契合组的样本中以"感知组织可持续发展绩效"作为因变量，以"情感性组织支持感"、"情感性组织支持感的平方"、"工具性组织支持感"、"工具性组织支持感的平方"、"组织承诺"和"工作满意度"为自变量进行了分层回归分析，建立了两个回归方程，结果见表 5-34。具体步骤如下：第一步，将"感知组织可持续发展绩效"作为因变量，将控制变量，如性别、年龄、婚姻状况、教育程度、本岗工作年限、职位和收入等个体特征加入回归模型中；第二步，将"感知组织可持续发展绩效"作为因变量，除了将第一步中的控制变量加入回归模型外，还将变量"情感性组织支持感"、"情感性组织支持感的平方"、"工具性组织支持感"、"工具性组织支持感的平方"、"组织承诺"和"工作满意度"也加入回归模型中。

表 5-34　低契合下组织支持感、组织承诺和工作满意度对感知组织
可持续发展绩效的分层多元结果（$N=114$）

变量	R	R^2	ΔR^2	ΔF	Sig. F Change
第一步：控制变量	0.254	0.064	0.064	0.708	0.715
第二步：组织支持感、组织承诺和工作满意度	0.873	0.762	0.698	47.507	0.000

回归结果显示,组织承诺($b=0.406,p<0.001$)和工作满意度($b=0.409$,$p<0.001$)能够显著提高员工的感知组织可持续发展绩效。员工感知到的情感性组织支持感($b=0.537,p<0.01$)仍能够显著提高他们的感知组织可持续发展绩效,但其感知到的情感性组织支持感的平方($b=-0.335,p>0.05$)、工具性组织支持感($b=-0.043,p>0.05$)、工具性组织支持感的平方($b=0.035$,$p>0.05$)却不能显著提高他们的感知组织可持续发展绩效。因此,在低个人—组织契合下,变量"组织承诺"和"工作满意度"完全中介组织支持感对"感知组织可持续发展绩效"的曲线作用。因此,综合 5.4 节的分析结果,本章研究的假设 H5.3 和 H5.4 部分成立。

表 5-35　低契合下组织支持感、组织承诺和工作满意度对感知组织可持续发展绩效的分层多元结果($N=114$)(续)

变量	第一步			第二步		
	系数	标准差	p 值	系数	标准差	p 值
截距	3.943	0.729	0.000	−0.321	0.546	0.558
性别(女性)	0.160	0.306	0.602	0.203	0.160	0.207
年龄	0.135	0.116	0.247	−0.046	0.062	0.467
婚姻(已婚)	0.043	0.218	0.844	0.005	0.117	0.967
教育(专科)	0.434	0.265	0.105	0.061	0.147	0.681
教育(本科)	0.312	0.234	0.185	−0.036	0.130	0.780
教育(硕士及以上)	−0.037	0.355	0.918	0.089	0.195	0.649
本岗工作年限	0.060	0.107	0.579	−0.009	0.056	0.876
职位(普通教练)	−0.083	0.399	0.836	0.493	0.214	0.023
职位(教练总监)	−0.115	0.325	0.724	0.149	0.178	0.404
收入	0.011	0.127	0.930	0.148	0.067	0.030
情感性组织支持感				0.537	0.178	0.003
工具性情感支持感				−0.043	0.022	0.054
情感性组织支持感平方				−0.335	0.230	0.148
工具性情感支持感平方				0.035	0.025	0.165
组织承诺				0.406	0.068	0.000
工作满意度				0.409	0.079	0.000

5.5 假设检验结果

综合第 5 章的内容,本章研究所提出的 5 个研究假设全部得到验证。个人—组织契合能够调节组织支持感对感知组织可持续发展绩效的作用,具体而言,当个人—组织契合高时,组织支持感能够显著提高员工的感知组织可持续发展绩效;当个人—组织契合低时,组织支持感对感知组织可持续发展绩效呈现曲线作用。此外,组织承诺和工作满意度可以中介组织支持感对感知组织可持续发展绩效的作用。

表 5-36　组织支持感对感知组织可持续发展绩效的影响研究假设检验结果

序号	假设	检验结果
H5.1	个人—组织契合能够调节组织支持感对感知组织可持续发展绩效的作用	支持
H5.1a	当个人—组织契合高时,组织支持感能够提高感知组织可持续发展绩效	支持
H5.1b	当个人—组织契合低时,组织支持感对感知组织可持续发展绩效呈现曲线作用	支持
H5.2	组织承诺中介组织支持感对感知组织可持续发展绩效的作用	部分成立
H5.3	工作满意度中介组织支持感对感知组织可持续发展绩效的作用	部分成立

5.6 本章小结

本章的研究目的是考察员工的组织支持感对其感知组织可持续发展绩效的影响及作用机制。结果表明,个人—组织契合能够调节组织支持感对感知组织可持续发展绩效的作用。在高个人—组织契合下,情感性组织支持感和工具性组织支持感能够显著提高员工的感知组织可持续发展绩效。但是,在低个人—组织契合下,员工感知到的组织支持感对其感知组织可持续发展绩效的作用呈现曲线趋势。具体而言,当个人—组织契合较低时,如果员工感知到的情感性组织支持和工具性组织支持适中,组织支持感能有效提高他们的感知组织可持续发展绩效；但是如果员工感知到的组织支持过分强烈，反而会降低他们的感知组织可持续发展绩效。另一方面，本章探讨了员工感知到的组织支持影响员工感知组织可持续发展绩效的具体作用机制。笔者发现，在高个人—组织契合下，组织承诺和工作满意度能够部分中介组织支持感对感知组织可持续发展绩效的正向作用。而在低个人—组织契合下，组织承诺和工作满意度能完全中介组织支持感对感知组织可持续发展绩效的曲线作用。

第 6 章　　　结果讨论与管理启示

本书第 4 章和第 5 章已对所收集的问卷一手数据进行了实证统计分析,并对前文提出的假设进行了检验。本章主要包括如下内容:总结假设检验的结果;基于已有文献和理论分析对假设检验结果进行讨论;指出对企业管理实践带来的启示。

6.1 假设检验结果总结

在问卷调查的基础上,通过依次进行信效度分析、相关性分析及多元回归检验,分析并对本书的主要研究假设进行了实证检验,检验结果如表 6-1 所示。其中本书提出的 10 个假设中共 6 个得到支持,4 个得到部分支持。

表 6-1　研究结论汇总

序号	假设	检验结果
H4.1	个人—组织契合能够调节组织支持感对离职意愿的作用	支持
H4.1a	当个人—组织契合高时,组织支持感能够降低员工的离职意愿	支持
H4.1b	当个人—组织契合低时,组织支持感对离职意愿呈现曲线作用	支持
H4.2	组织承诺中介组织支持感对离职意愿的作用	部分成立
H4.3	工作倦怠中介组织支持感对离职意愿的作用	部分成立
H5.1	个人—组织契合能够调节组织支持感对感知组织可持续发展绩效的作用	支持
H5.1a	当个人—组织契合高时,组织支持感能够提高感知组织可持续发展绩效	支持
H5.1b	当个人—组织契合低时,组织支持感对感知组织可持续发展绩效呈现曲线作用	支持
H5.2	工作满意度中介组织支持感对感知组织可持续发展绩效的作用	部分成立
H5.3	组织承诺中介组织支持感对感知组织可持续发展绩效的作用	部分成立

6.2 研究结果讨论

本书是基于社会交换理论和过犹不及理论,研究在个人—组织契合调节下组织支持感对员工离职意愿与感知组织可持续发展绩效的影响机制。以下将分别对"高个人—组织契合"和"低个人—组织契合"调节下,组织支持对员工离职意愿与感知组织可持续发展绩效的影响机制进行讨论。

6.2.1 高个人—组织契合下组织支持感对结果变量的主效应

社会交换理论认为,当一方为另一方提供帮助时,尽管没有具体地规定何时和以何种方式进行回报,但接受帮助的一方有义务对给予帮助的一方作出回报。[12]本书基于社会交换理论提出、并验证了在高个人—组织契合条件下,组织支持感分别对员工离职意愿和感知组织可持续发展绩效有显著影响。具体讨论如下:

第一,本书第3章通过元分析已经验证了已有文献关于组织支持感和离职意愿之间存在显著的负相关关系。例如:Masterson等人(2000)研究发现"组织支持感"与"员工的离职倾向"呈显著负相关。[131]Eisenberger等人(2001)研究表明"组织支持感"与"感知义务"呈显著的正相关性,并且对"情感承诺"和"离职行为"产生直接影响,其中对"离职行为"产生显著的负向影响。[10]倪昌红等人(2013)研究发现工作群体感受到的组织支持会增强工作群体的整体心理安全感,继而降低工作群体的离职意愿。[198]本书与这些研究的观点基本一致,第4章的研究结果也证明了在健身行业中组织支持感对员工的离职意愿有显著的负向影响。

但是,本书不同于以往的研究之处,提出了产生这种线性影响的先决条件是个人与组织的价值观要契合,换言之,在高个人—组织契合条件下,组织支持感对离职意愿的负向效应是线性的,即组织支持感越强,离职意愿越弱。Posner(2010)提出,个人的核心是价值体系,这个价值体系指导他们如何做出某些选择、信任谁、回应他们的呼吁,以及他们的时间和精力投入。[62]当个人与组织的价值观契合度较高时,员工感受到组织支持和组织给予的支持是对等的,根据社会交换理论,感受到支持的员工会对组织做出对等的回报。所以在高个人—组织契合条件下,组织支持感与员工离职意愿呈线性关系。根据Posner关于组织价值一致性的理念,公司领导者应该寻找那些与组织价值观相似的潜在管理者。[62]此外,组织领导者应该积极主动地寻找方法,以留住那些在公司中表现出与组织价值观密切相关或相似的员工。[62]本书的观点与 Posner 关于组织价值一致性的理念基本相同,促进员工和组织价值观契合在人力资源管理中尤为重要。

第二,通过给予员工支持来降低离职意愿是人力资源管理的一个重要任务,同时,如何通过给予员工支持来提高感知组织可持续发展绩效也是一个重要任务。也就是说,留住员工的同时也要激励员工为企业创造价值。感知组织可持续发展绩效能够用来衡量一个组织在多大程度上将财务、社会和环境资源融入其整体运营中,它也可以被看作一个衡量组织实现其长期目标的过程中的反馈指标。[283]一般来说,感知组织可持续发展绩效包含三个维度,即财务绩效、社会绩效和环境绩效。[284]

社会交换理论表明,在相互依存的关系中,一方的自愿行为是由另一方的预期回报所激发的。[5]正如互惠准则所证明的那样,在组织与员工之间的相互依存关系中,员工依靠组织来实现他们的目标,相反,组织依赖于员工来提高其整体绩效。[5]首先,根据第 3 章元分析结果表明,组织支持感能够显著提高员工的工作绩效。[219][217][11]因此,组织支持感可以通过提高员工的工作绩效进而提升其感知的组织财务绩效。其次,Byrne 和 Hochwarter(2008)认为,员工感知到的组织支持感可以通过减少压力因素和鼓励承诺来促进社会责任,从而提高感知的组织社会绩效。[290]此外,员工感知到的组织支持感会改善组织的内部流程,这能提高组织的环境绩效。上述的观点基本与本书思想吻合,第 5 章的研究结果也表明了组织支持感对感知组织可持续发展绩效产生显著影响。

同样,组织支持感对感知组织可持续发展绩效的直接效应也是有先决条件的,本书第 5 章结果证明了这种直接效应是在高个人—组织契合条件下,组织支持感对感知组织可持续发展绩效产生线性效应。换言之,在高个人—组织契合下,随着组织支持感的增强,感知组织可持续发展绩效也随着增加。同理,当员工与组织的价值观契合度较高时,员工感受到组织支持和组织给予的支持是对等的,根据社会交换理论,感受到支持的员工会对组织做出对等的回报。因此在高个人—组织契合条件下,组织支持感与感知组织可持续发展绩效呈线性关系。个人—组织契合的调节效应不仅适用于组织支持感对员工行为的影响，同时也适用于组织支持感对组织层面的效应机制。

综上所述，在高个人—组织契合条件下，个人感受到组织支持与组织给予的支持对等，员工会对组织产生对等的回报行为。所以本书结果表明：在高个人—组织契合条件下，组织支持感对员工离职意愿和感知组织可持续发展绩效产生负向和正向的显著线性效应。

6.2.2 低个人—组织契合下组织支持感对结果变量的主效应

本书的结果表明，与高个人—组织契合条件下情况比较下不同的是，在低个人—组织契合条件下组织支持感对员工离职意愿和感知组织可持续发展绩效的影响均呈现倒 U 曲线效应。这种现象可以用过犹不及理论来进行解释。

过犹不及理论来源于中西方哲学思想中的"适度原则"。[67]《论语·先进篇》提到"子曰：'过犹不及'"，即过多和不及都不好。亚里士多德也主张"中道"，指出行中道需要相应的理性精神，而过与不及都不合于理性。[68] 由此可见，无论是中国思想还是国外理念都体现了过犹不及思想。Pierce 和 Aguinis（2013）将过犹不及这一概念引入组织背景下，表明过犹不及理论存在的效应是：在组织情境中，被视为对组织有益的行为，当过多出现、发生或执行时，可能不会给组织带来益处，甚至会对组织产生损害。在管理领域中积极的前因变量一旦超过拐点，将会出现浪费（没有额外的好处）或是带来负面影响（如个人或组织绩效下降），开始前因变量与结果变量呈现的单调递增的关系在达到特定情境拐点（Context-specific inflection points）之后，会逐渐逼近渐近线，甚至出现单调递减，可能导致总体呈现倒 U 型的非线性关系。[69][71]

我国学者邢璐等人（2018）通过分析 2013—2017 年组织行为学领域中的 44 篇文献，对过犹不及效应及其作用机制进行梳理和归纳，将收益与损失的叠加效应（additive benefit and cost）反映在过犹不及效应中，由于自变量变化而有益因变量增加的机制（收益）与由于自变量变化但导致因变量减少的另一条机制（损失）之间的出现动态抗衡，即边际收益与边际损失之间的对抗，进而出现自变量起初对因变量有积极作用但是随着其增加而产生负效应的结果。[68] 本书与该观点基本一致。具体而言,在低个人—组织契合条件下,员工与组织具有相悖的价值观,这会导致员工与组织之间不相容。[73][15] 在这种情况下,组织给予员工支持时,员工认为只有一部分支持对他们是有益的,也只会偿还其感知应当偿还的组织支持,但不是对等付出。这时随着组织支持的增加,员工对组织的积极回报行为也会增加。同时,由于个人组织价值观的不契合,员工会认为另一部分组织支持不是他们需要的,甚至对他们是有损失的,随着组织支持的增加也会给他们带来一定的损失,当边际损失效应超过边际收益效应时,组织支持会对员工行为产生消极效应,同样也会对组织绩效产生消极效应。换句话说,在员工的个人—组织契合较低的情况下,员工感知的组织支持感对员工行为的影响存在一个阈值,当超过这个阈值时,组织支持感反而会起到相反的作用,这种效应机制形成了倒 U 曲线。这种倒 U 曲线效用也符合本书的观点和研究结果。

综上所述,在低个人—组织契合条件下,由于个人和组织的价值观不契合,员工感受到组织支持一部分被认为是收益的,另一部分被认为是有损失的,随着组织支持的增加,这种损失的边际效益超过收益的边际效益时,员工对组织的积极行为会转为消极行为,进而会影响到组织绩效。所以本书的研究结果表明:在低个人—组织契合条件下,组织支持感对员工离职意愿和感知组织可持续发展绩效产生倒 U 型的曲线效应,即:在低个人—组织契合条件下,员工的离职意愿和感知组织可持续发展绩效会随着组织支持的增强而降低或增加,但是到达一个阈值后,员工的离职意愿和感知组织可持续发展绩效会随着组织支持的增强而增强或降低。

6.2.3 中介效应:组织承诺、工作倦怠、工作满意度

研究结果表明组织支持感对员工离职意愿和感知组织可持续发展绩效影响的两条路径中均存在两个中介效应,他们说明了组织支持感和员工离职意愿、组织支持感和感知组织可持续发展绩效两种关系的中介作用机理。

首先,本书结果显示组织承诺在组织支持感影响员工离职意愿和组织支持感影响感知组织可持续发展绩效两条路径中均存在中介效应。一方面,根据组

织支持理论,组织支持感所蕴含的关怀、认同和尊重应满足社会情感需求,使员工将组织成员身份和角色地位融入社会认同中,进而增强员工对组织的情感承诺。[5][219][252] 许多研究发现指出,感知组织支持(POS)和组织承诺之间有很强的联系。[8][125][80][251][36] 另一方面,Mowday 等人(1982)的研究指出,员工的组织承诺可以表示其继续为组织工作的意愿。[248] 大量的实证研究表明,员工的组织承诺与他/她的离职意愿之间存在显著负相关关系。例如 Meyer 和 Herscovitch(2001)的研究表明规范承诺、持续承诺和情感承诺均能预测员工的离职意愿。[255] 此外,员工具备高的组织承诺能够使组织抓住新的商业机会,通常会对组织的可持续发展绩效产生积极影响。[278] 以往研究发现,组织承诺与组织的成长和组织的可持续性发展密切相关。[279][280] 本书组织承诺的中介作用机制与以往研究基本一致。

随着健身市场的迅速扩大,大量资金涌入健身行业,健身俱乐部如雨后春笋般地迅速增加。健身行业竞争性日益加大,健身行业不断出现兼并和重组。而员工面临着未来职业发展的不确定性和不安全感,心理压力和焦虑不断增多。在上述就业背景下,员工的职业生涯观念发生了变化,个体为适应环境的变化开始出现易变性职业倾向,个人也在为职业发展而寻求更大的独立性和灵活性。[87] 这种组织和员工之间具有"较低忠诚度、较大流动性和较低确定性"的雇佣关系,势必会导致员工较高的离职意愿,最终影响到企业的可持续发展。如何提高员工的组织承诺成为健身行业急需解决的问题,而组织支持感能够提供解决问题的源泉。

其次,本书结果表明,工作倦怠在组织支持感和员工离职意愿之间起到中介作用。相建华(2006)研究表明健身私人教练是我国健身行业职业倦怠的高发人群,且商业健身俱乐部健身私人教练产生职业倦怠的时间越来越短,某些健身私人教练在参加工作八个月就开始产生工作倦怠,工作在一年以上的健身私人教练想跳槽的概率大于 40％。[87] 本书的结果表明,可以通过组织提供给员工支持来降低员工的工作倦怠水平,进而降低员工的离职意愿。

最后,本书结果说明了工作满意度在组织支持感和感知组织可持续发展绩效之间存在中介效应,这一结果与以往研究的结果基本一致。一方面,以往的研究表明,组织支持感可以满足员工的社会情感需求并提高他们的预期绩效奖励,从而有助于提高整体工作满意度。[7]例如,Burke(2003)以从事医疗工作的护士为研究对象,发现他们感知到的组织支持感能够显著影响其工作满意度。[295]另一方面,工作满意度对于提高感知组织可持续发展绩效至关重要。[297]过去的研究表明,工作满意度能够对感知组织可持续发展绩效产生积极影响。例如,Brooks(2000)发现对自己的工作感到满意的员工不会轻易离开组织,而人员流动率低的组织通常具有更高的利润。这解释了为什么员工的工作满意度可以提高组织的可持续发展绩效。[298]

6.3 管理启示

本书的实践目的是提供给管理者如何降低健身行业教练员离职率,促进组织可持续发展的管理启示和参考决策。制定管理启示或参考决策首先要根据实施对象的职业特点对症下药。下面将先对健身行业员工的职业特征作简要归纳。然后再提出管理启示建议。

6.3.1 健身行业教练员职业特征

本书根据前人研究成果,结合访谈和本书的研究结果将健身行业员工职业特征归纳如下:

(1)健身行业员工存在年轻化特征

本书的调查结果显示,健身行业员工年龄在 30 岁以下的占比 73%,年龄在 25 岁以下的占比 48.4%,接近研究对象总体的一半。说明健身行业员工主要在 30 岁以下,年轻化程度较高。根据第 4 章研究结果显示:不同年龄的健身行业职员在离职意愿上具有显著差异。具体而言,20 岁及以下年龄群的员工的离职意愿最高,其次是 21—25 岁年龄群的员工,接着是 26—30 岁年龄群的员工,而 36 岁及以上年龄群的员工的离职意愿则迅速下降。从年龄层次与离职率关系的研究结果可以看出年轻化程度高也是健身行业教练员离职率偏高的一个重要因素。

（2）健身行业员工易变性职业倾向较高

Hall（2011）将易变性职业生涯定义为：个人遵从自身的价值观，积极主动地管理自己的职业生涯，改变自己的职业发展路径，追求主观上成功（心理上的成功）的一种新模式。[87]随着健身市场的迅速扩大，大量资金涌入健身行业，健身俱乐部如雨后春笋般地迅速增加。健身行业竞争性日益加大，健身行业不断出现兼并和重组。而员工面临着未来职业发展的不确定性和不安全感，心理压力和焦虑不断增多。在这种就业背景下，员工的职业生涯观念发生了变化，个体为适应环境的变化开始出现易变性职业倾向，个人也在为职业发展而寻求更大的独立性和灵活性。[87]所以易变性职业倾向是健身行业员工的一个重要的职业特征。这种职业特征是反映到健身行业教练员离职率偏高的一个因素。

（3）健身行业员工的职业易倦怠特征

李婷（2011）的研究结果表明，健身俱乐部健身教练的职业倦怠在情感衰竭维度上指数最高。[87]根据工作要求—资源模型（job demands-resources model，JD-R 模型），高情绪劳动是健身教练这种服务业员工最重要的工作要求，与客户交往的高情绪需求被认为是服务行业的核心特征。[87]健身教练因为在执行教学服务时要保持饱满的精神不断激励和带动学员进行运动健身，根据资源保存理论，在这种高情绪工作时会消耗很多情感资源，为了保护这种资源，有的个体会停止继续投入情感资源，体现在个体的情绪衰竭等工作倦怠。由于工作倦怠会损害员工的健康，并且导致工作上的退缩行为，影响组织的绩效。所以高情绪劳动特征也是影响健身行业教练员离职率和感知组织可持续发展绩效的重要因素。

6.3.2 管理实践启示

随着管理思想的不断发展，学者们对人性的假设从最初亚当·斯密提出的"经济人"假设，到梅奥提出的"社会人"假设，再到以马斯洛为代表的"自我实现"假设，最后到施恩提出的"复杂人"假设。这一过程体现了学者们对人性的研究不断深入，由此也产生了大量的管理学思想和理论。本书与复杂人的假设思想基本一致，认为人的需求是复杂的、多种多样的，既有经济的需求，也有社会的需求;既有自我实现的需求,也有交互复杂的需求。所以在管理实践中在考虑健身行业职业特征基础上,组织既要给予员工工具性支持(物质),也要给予情感性支持(精神)。组织在给予员工支持时还要根据个人与组织价值观的契合程度来给予适当的支持才能达到激励员工产生积极行为的效果。具体管理启示如下:

(1)重视员工感知的组织支持感

综合本书可知,组织支持感对员工的离职意愿和感知组织可持续发展绩效具有重要影响。一方面,本书第3章通过元分析方法利用文献数据二次分析表明组织支持感与离职意愿和工作绩效之间分别呈中等程度的负相关关系和中等程度的正相关关系。另一方面,本书第4章以健身行业为研究背景探究员工组织支持感对离职意愿的影响机制和第5章从组织绩效层面出发探索员工感知组织支持对他们感知的组织可持续发展绩效的影响机制,这两个实证研究皆表明适当的组织支持可以降低员工的离职率和提升组织的可持续发展绩效。因此,笔者认为,企业相关管理者应该重视员工感知的组织支持,并给予员工适当的组织支持以实现员工的稳定与企业的可持续发展。

笔者认为管理者应该针对健身教练的职业特征来给予员工的支持应该包含工具性支持和情感性支持。一方面,针对健身教练员年轻、喜欢接受新鲜事物,对未来职业发展具有灵活性和独立性,在工具性支持方面除了提供必备的工作器材设备、良好的工作环境、适当的股权激励外,还应该给予教练员职业培训、业务进修等机会,为教练员设计职业规划等。另一方面,在情感性支持上要针对健身教练员高情绪工作、易倦怠特征,除了给予员工衣食住行等基本关心和支持外,还应该不断地通过积极的沟通来激励教练员,给予教练员更多的"正能量"。通过两方面的组织支持来降低工作倦怠感,增强员工对组织的安全感、依赖感和组织承诺,进而降低离职意愿,促进组织可持续发展。尽管这些支持可能会消耗一定的人力和财力,但是对于企业长期绩效是有利的,因为降低离职率和提高工作效率可以为组织减轻大量的员工招聘、培训等成本,还可以通过员工的稳定促进顾客的忠诚度,进而促进组织可持续发展绩效。

（2）增加与员工开放式沟通的频率，鼓励员工对组织支持行为进行反馈

组织支持感的理论基础是社会交换理论，[29]它表明双方存在协商和交换。而在感知组织支持中双方的协商和交换是指员工与组织之间的协商和交换。如果员工感受到组织给予的支持，他们生成关心组织目标并帮助组织取得成功的责任感。[8]综合本书的研究可知，由于组织因员工感知到组织的支持而获利，因此，企业相关管理者应该考虑如何让员工感知到组织的支持和确保组织给予其的支持能被完整地感知到。Neves 和 Eisenberger(2012)的研究表明，开放式沟通对员工感知组织支持具有重要意义。[310]因此，员工和管理者之间的开放式沟通可能是改善员工感知组织支持的关键人力资源策略。笔者认为，开放式沟通能塑造一种较为放松和公平的沟通氛围，在这种氛围之中，管理者应该鼓励员工对组织做出的支持性活动进行反馈，判断员工感知的组织支持的程度，减少信息的不对称性，以此改进组织的支持行为，确保尽可能让员工感知到组织给予其完整的和良好的支持。

（3）注重员工的个人—组织契合

京东总裁刘强东在接受媒体专访时谈到管理员工的有效方法是："找到与企业拥有共同价值观的员工，提供给他们所需的支持。"虽然这句话很简单，但是却道出了个人—组织契合和组织支持在管理实践中的重要性。在本书第 4 章和第 5 章以健身行业为研究背景探究员工组织支持感对离职意愿和感知组织可持续发展绩效的影响研究中，笔者依据社会交换理论和过犹不及理论，对更多支持总是更好这一结果的普适性提出的质疑发现，当员工个人—组织契合较低时，其感知获得的组织支持感存在一个阈值，而且当超过这个阈值时，组织支持感反而会起到相反的作用。这一实证发现有别于以往的传统研究结果，笔者建议健身行业中的企业相关管理者不仅要关注健身教练感知的组织支持，还需要注意健身教练与健身俱乐部的个人—组织契合。中国传统文化中一直流传着"士为知己者死"这一佳句，意指人们甘愿为赏识自己和栽培自己的人献身，这同样适用于雇佣关系。当健身教练具有较高的个人—组织契合时，健身俱乐部对健身教练员的关怀和重视会显著降低其离职意愿和促进企业绩效。相反，如果健身教练具有与健身俱乐部相悖的价值观，即使他们感受到充足的

组织支持,但并不能显著降低其离职意愿和提高企业绩效。综上所述,笔者建议健身行业中的企业相关管理者应该注重健身教练的个人—组织契合,以此为一把"量尺",针对不同的个人—组织契合度来设计对健身教练的组织支持策略。

(4)规划、发展和维护员工组织契合计划

研究结果显示个人—组织契合是实施组织支持行为的先决条件,可以通过改变先决条件来促进组织支持的影响效应,笔者支持规划、发展和维护员工组织契合计划。笔者建议,首先采用事前控制,健身俱乐部在员工选拔招聘中将员工组织契合放在人员选拔过程中,寻找和公司价值观接近、认同企业文化的员工。此外,对入职后的员工进行企业价值观教育,通过企业高尚的理想信念来引导员工认同企业价值观和企业文化。另外,帮助员工制定职业生涯发展规划应该成为员工组织契合计划的一个核心项目,其目的是通过帮助员工制定和企业需求相结合的职业生涯发展规划来促进员工对企业价值观的认同。尽管发展员工组织契合计划需要企业投入一定的人力物力,但这与组织财务绩效并不相悖,反而有益于感知组织可持续发展绩效。因此,规划、发展和维护员工组织契合计划是企业发展和提高竞争优势的策略之一,企业相关管理者对此应该给予充分的重视。

6.4 本章小结

本章首先对假设检验的结果进行了汇总,经过第4章、第5章的实证研究,本书提出的假设基本得到了支持;在结果汇总之后,本章又对这些研究结果进行了进一步的讨论,这些研究结果既与以往研究的重要观点保持了一致,同时也更进一步证实或者丰富了前人的相关研究;在对研究结果的汇总和讨论之后,总结了管理启示,反映了本书的理论研究对于管理实践也具备一定的参考意义。

第 7 章　　　　　　研究结论与展望

7.1 研究结论

本书研究基于社会交换理论和过犹不及理论,在健身行业情景下,从个人—组织契合角度出发,研究组织支持感对离职意愿和感知组织可持续发展绩效的影响机制,最终得出如下结论:

(1)组织支持感对离职意愿和工作绩效的元分析研究结论

该研究在回顾众多前人对组织支持感与离职意愿和工作绩效的相关文献的基础上,发现前人诸多研究对组织支持感与离职意愿和工作绩效的相关影响并没有达成共识。因此,笔者分别以组织支持感与工作绩效 21 篇相关文献和组织支持感与离职意愿 19 篇相关文献为分析样本,通过元分析方法考察组织支持感对离职意愿和工作绩效的影响作用。研究结果表明,组织支持感对离职意愿与工作绩效的影响在行业间有显著差异,组织支持感与离职意愿和工作绩效之间分别呈中等程度的负相关关系和中等程度的正相关关系。通过对实证类文献的二次分析表明,组织支持感与离职意愿和工作绩效的关系同大部分学者的研究结果相同(例如 Guzzo 等人,1994[9];Masterson 等人,2000[131];倪昌红等人,2013[198];屈丽萍,2006[106];Armeli 等人,1998[219];Riggle 等人,2009[194];侯莉颖等人,2011[140];宋峰,2007[190])。因此,笔者认为组织支持感对员工的离职意愿和工作绩效具有重要影响,企业相关管理者应该重视员工感知的组织支持,并给予员工合适的组织支持以确保企业的可持续发展。

(2)人口统计学变量对员工离职意愿影响的研究结论

本书第 4 章在上海多个健身企业或健身组织通过问卷调查法收集了 329 份有效问卷,以此为分析样本探究在健身行业人口统计学变量对员工离职意愿影响,主要获得如下结论:

第一,不同性别的健身行业职员在离职意愿上具有显著差异。具体而言,男性健身行业员工相较于女性健身行业员工具有更高的离职意愿。

第二,不同年龄的健身行业职员在离职意愿上具有显著差异。具体而言,20 岁及以下年龄群的员工的离职意愿最高,其次是 21—25 岁年龄群的员工,接着是 26—30 岁年龄群的员工,然后是 31—35 岁年龄群的员工,这 3 个年龄群的员工的离职意愿降低速度较为缓慢,而 36 岁及以上年龄群的员工的离职意愿则迅速下降。

第三,不同婚姻状况的健身行业职员在离职意愿上不具有显著差异。具体而言,虽然被访者中未婚员工的离职意愿略高于已婚员工,但统计学检验结果显示二者的离职意愿具有一致性。

第四,不同教育程度的健身行业职员在离职意愿上不具有显著差异。具体而言,随着学历的增长,员工的离职意愿逐渐提高,其中硕士及以上学历的员工的离职意愿最高,但统计学检验结果显示不同学历的员工的离职意愿具有一致性。

第五,不同本岗工作年限的健身行业职员在离职意愿上具有显著差异。具体而言,"1 年以内"工作年限的员工的离职意愿最高,"1—2 年"和"2—3 年"工作年限的员工的离职意愿次之,"3—4 年"和"4 年及以上"工作年限的员工的离职意愿最低。

第六,不同职位的健身行业职员在离职意愿上不具有显著差异。具体而言,虽然普通教练的离职意愿略高于教练总监和企业管理者的离职意愿,但统计学检验结果显示不同职位的员工的离职意愿具有一致性。

第七,不同收入的健身行业职员在离职意愿上具有显著差异。具体而言,月收入在"5 000 元及以下"的员工的离职意愿最高,其次是月收入在"10 001—12 500 元"的员工,然后是月收入在"12 500 元以上"员工的离职意愿最低。

(3)个人—组织契合调节下组织支持感对员工离职意愿的影响机制结论

本书第 4 章基于不同程度的个人—组织契合下,探究健身行业员工组织支持感对离职意愿的影响及作用机制,主要获得如下结论:

第一,当员工的个人—组织契合较高时,员工感知的组织支持感与离职意愿呈显著的线性负相关关系。具体而言,员工的情感性组织支持感和工具性组织支持感能显著降低其离职意愿,但情感性组织支持感的平方和工具性组织支持感的平方对离职意愿不存在显著的预测力。因此,当员工的个人—组织契合较高时,员工感知的组织支持感与离职意愿呈线性负相关关系。

　　第二，当员工的个人—组织契合较低时，如果员工感知到适中的组织支持，组织支持感就能有效降低员工的离职意愿；但是如果组织支持超过一个阈值，对员工的消极影响会超过积极影响，反而会提高员工的离职意愿。即，当员工的个人—组织契合较低时，组织支持感与离职意愿之间呈倒 U 曲线关系。具体而言，员工感知到的情感性组织支持感和工具性组织支持感依旧能够显著降低其离职意愿，但是情感性组织支持感平方和工具性组织支持感平方却显著提高员工的离职意愿。因此，当员工的个人—组织契合较低时，组织支持感对员工离职意愿的作用呈现倒 U 的曲线趋势。

　　第三，当员工的个人—组织契合较高时，"组织承诺"和"工作倦怠"在"情感性组织支持感"对"离职意愿"间的负向作用起完全中介作用，同时也在"工具性组织支持感"对"离职意愿"间的负向作用起部分中介作用。具体而言，当员工的个人—组织契合较高时，员工感知的情感性组织支持全部会通过提高"组织承诺"和降低"工作倦怠"进而降低其"离职意愿"，而员工感知的工具性组织支持一部分会通过提高"组织承诺"和降低"工作倦怠"进而降低其"离职意愿"，而另一部分工具性组织支持感可以直接降低员工的"离职意愿"。

　　第四，当员工的个人—组织契合较低时，"组织承诺"和"工作倦怠"在"工具性组织支持感"对"离职意愿"间的负向作用起部分中介作用，同时也在"情感性组织支持感"对"离职意愿"间的负向作用起部分中介作用。具体而言，当员工的个人—组织契合较低时，员工感知的组织支持一部分会通过提高"组织承诺"和降低"工作倦怠"进而降低其"离职意愿"，而另一部分组织支持感可以直接降低员工的"离职意愿"。

　　（4）个人—组织契合调节下组织支持感对感知组织可持续发展绩效影响机制结论

　　本书第 5 章通过问卷调查的方法收集了 221 份有效问卷，以此为分析样本探究在不同程度个人—组织契合下组织支持感对感知组织可持续发展绩效的影响及作用机制，主要获得如下结论：

　　第一，当员工的个人—组织契合较高时，员工感知的组织支持感与感知组织可持续发展绩效呈显著的线性正相关关系。具体而言，员工的情感性组织支持感和工具性组织支持感能显著提高感知组织可持续发展绩效,但情感性组织支持感的平方和工具性组织支持感的平方对感知组织可持续发展绩效不存在显著的预测力。因此,当员工的个人—组织契合较高时,员工感知的组织支持感与感知组织可持续发展绩效呈线性正相关关系。

第二,当员工的个人—组织契合较低时,如果员工感知到适中的组织支持,组织支持感就能有效提高感知组织可持续发展绩效;但是如果组织支持超过一个阈值,对员工的消极影响会超过积极影响,反而会降低感知组织可持续发展绩效。即,当员工的个人—组织契合较低时,组织支持感与感知组织可持续发展绩效之间呈倒 U 曲线关系。具体而言,员工感知到的情感性组织支持感和工具性组织支持感依旧能够显著提高感知组织可持续发展绩效,但是情感性组织支持感平方和工具性组织支持感平方却显著降低员工的感知组织可持续发展绩效。因此,当员工的个人—组织契合较低时,组织支持感对感知组织可持续发展绩效的作用呈现倒 U 的曲线趋势。

第三,当员工的个人—组织契合较高时,"组织承诺"和"工作满意度"在组织支持感对"感知组织可持续发展绩效"的正向作用起部分中介作用。具体而言,当员工的个人—组织契合较高时,一部分组织支持感通过提高"组织承诺"和"工作满意度"进而显著提高"感知组织可持续发展绩效",而另一部分组织支持感可以直接对"感知组织可持续发展绩效"产生显著正向影响。

第四,当员工的个人—组织契合较低时,"组织承诺"和"工作满意度"在组织支持感对"感知组织可持续发展绩效"的正向作用起完全中介作用。具体而言,当员工的个人—组织契合较低时,组织支持感全部通过提高"组织承诺"和"工作满意度"进而提高"组织可持续发展绩效"。

7.2 研究局限及展望

自 Eisenberger 及其同事于 1986 年首次在社会心理学和组织行为学研究中提出了组织支持感这个构念,组织支持感就得到学者们的广泛关注,成为组织行为学理论一个热点问题。[5]但是,目前研究组织支持感对结果变量的影响多数为线性关系,并且尚未有研究以健身行业为背景探讨员工感知的组织支持感的影响作用。因此,本书基于个人—组织契合的调节作用,探讨了健身行业中员工感知的组织支持感对离职意愿和感知组织可持续发展绩效的影响及作用机制。但由于笔者的时间、精力和能力具有局限性,本书还存在如下局限与不足:

(1) 样本的代表性问题

首先,第 3 章组织支持感对离职意愿和工作绩效元分析的研究中,笔者通过对现有国内外实证类文献进行统计,采用元分析的研究方法对这些实证研究进行再一次统计分析,以探究组织支持感对离职意愿和工作绩效的影响。在文献检索的过程中,笔者在国内外知名数据库中通过关键词检索所需文献,尽管笔者已经尽自己所能检索出相关文献,但仍然不可避免地会遗漏一些所需的相关文献。其次,在第 4 章和第 5 章的研究中,被调查的企业主要聚集在上海地区,因此,研究结果不能反映出在健身行业中员工的组织支持感对员工行为的影响及作用机制在地区间存在的差异。第 4 章和第 5 章的研究得出的结论在不同地区的代表性有待考察。最后,在未来的研究中可以扩大问卷调查样本的区域,进行健身行业中员工的组织支持感对员工行为的影响及作用机制的跨区域,甚至是跨国家比较,从而提高研究结论的普适性和可靠性。

(2) 资料收集方式问题

首先,在第 4 章和第 5 章的研究中,笔者通过私人关系找到健身企业的管理人员协助问卷调查研究。尽管笔者在调查问卷上再三强调问卷是匿名的、结果将严格保密并仅用作学术研究,但仍然不能排除被调查员工出于管理层人员的权威而不敢诚实地表达他们真实想法的可能性。此外,第 4 章和第 5 章采集的数据为基于自陈式(Self-report)的测量数据。因此,未来研究可以收集被调查者的真实行为数据,以检验本书的研究结果是否仍然有效。最后,第 4 章和第 5 章的数据分别是在一个时间点上采集的,即笔者采集的是横截面数据进行实证研究分析。截面数据只能反映被调查者在一个时间点上的状态和感受,不能反映他们的态度在不同时间点上的动态演化过程。因此,未来研究可以选取部分被调查者进行跟踪式的研究,采集动态的纵向数据来研究变量之间的关系,从而更好地研究组织支持感影响的动态演化过程。

（3）理论模型的变量选择问题

首先,在第4章和第5章组织支持感对员工行为和组织绩效影响的研究中,笔者仅探讨了组织承诺与工作倦怠对健身行业员工的组织支持感与离职意愿之间关系的中介效应;组织承诺与工作满意度对组织支持感与感知组织可持续发展绩效之间关系的中介效应。正如Mackinnon(2008)所指出,在中介模型中,总存在可能被忽略的重要中介。[311]未来的研究可以考察其他一些可能在组织支持感与员工行为之间产生中介效应的中介变量,如社会情绪和组织信任等。其次,未来研究可以检验健身行业员工的组织支持感对其他结果变量的影响,如反生产行为等,以确定这些关联是否仍然存在非线性关系。最后,未来研究可以探究健身行业中员工组织支持感的影响作用机制的其他边界条件,即挖掘具有理论和实践意义的其他调节变量,从而可以更加系统地探索在健身行业这种特定行业中组织支持感的影响作用机制。

参考文献

［1］中华人民共和国国务院.《国务院关于实施健康中国行动的意见》(国发〔2019〕13 号)［EB/OL］. http://www. gov. cn/zhengce/content/2019 – 07/15/content_5409492.htm.

［2］中国产业信息网.2017 年中国商业健身行业发展现状分析［EB/OL］. http://www.chyxx.com/industry/201702/498620.html.

［3］Viallon R Camy J, Collins M F. The European integration of a new occupation, the training and education strategies of national professional organizations: the case of the fitness sector in France and the united kingdom［J］. Managing Leisure, 2003, 8(2): 85–96.

［4］Pack S M, Jordan J S, Turner B A, et al. Perceived organizational support and employee satisfaction and retention［J］. Recreational Sports Journal, 2007, 31: 95–106.

［5］Eisenberger R, Huntington R, Hutchison S, et al. Perceived organizational support［J］. Journal of Applied psychology, 1986, 71: 500–507.

［6］Caplan G. Support systems and community mental health: Lectures on concept development［M］. New York: Behavioral Publications, 1974.

［7］Rhoades L, Eisenberger R. Perceived organizational support: a review of the literature［J］. Journal of Applied Psychology, 2002, 87: 698–714.

［8］Eisenberger R, Fasolo P & Davis-LaMastro V. Perceived organizational support and employee diligence, commitment, and innovation［J］. Journal of Applied Psychology, 1990, 75: 51–59.

［9］Guzzo R A, Noonan K A, Elron E. Expatriate managers and the psychological contract［J］. Journal of Applied Psychology, 1994, 79(4): 617–626.

［10］Eisenberger R, Armeli S, Rexwinkel B, et al. Reciprocation of perceived organizational support ［J］. Journal of Applied Psychology, 2001, 86（1）: 42–51.

［11］Stamper C L, Johlke M C. The impact of perceived organizational support on the relationship between boundary spanner role stress and work outcomes ［J］. Journal of Management, 2003, 29(4): 569–588.

［12］Blau P. Exchange and power in social life ［M］. Transaction Publishiers,1964.

［13］Pierce J R, Aguinis H. The too-much-of-a-good-thing effect in management ［J］. Journal of Management, 2013, 39: 313–338.

［14］Ng T W H, Sorensen K L. Toward a further understanding of the relationships between perceptions of support and work attitudes: A meta-analysis ［J］. Group & Organization Management, 2008, 33(3): 243–268.

［15］Westerman J W, Cyr L A. An integrative analysis of person-organization fit theories ［J］. Social Science Electronic Publishing, 2010, 12(3): 252–261.

［16］Prien K O, Prien E P. A prescribed employee fitness program and job-related attitudes ［J］. Psychological reports, 2003, 93(1): 153–159.

［17］Howard J, Mikalachki A. Fitness and employee productivity ［J］. Canadian Journal of Applied Sport Sciences, 1979, 4(3): 191–198.

［18］Shaw J D, Delery G J E. Alternative conceptualizations of the relationship between voluntary turnover and organizational performance ［J］. The Academy of Management Journal, 2005, 48(1): 50–68.

［19］Zhu X Q. A research on management of coaches of commercial fitness clubs in China ［J］. Journal of Modern Business, 2008, 2(1): 247–248.

［20］杜晓利. 富有生命力的文献研究法 ［J］. 上海教育科研, 2013(10): 1.

［21］鲁志鲲. 问卷调查法 ［J］. 中小学管理, 1993(05): 54–57.

［22］程开明. 结构方程模型的特点及应用 ［J］. 统计与决策, 2006(10): 24–27.

［23］Cook K S, Cheshire C, Rice E R W, et al. Social exchange theory ［M］// Delamater J. Handbook of social psychology. Dordrecht: Kluwer Academic, 2013: 61–88.

［24］Homans G C. Social behavior as exchange ［J］. American journal of sociology, 1958, 63(6): 597–606.

［25］Homans G C. Social behavior: Its elementary forms ［M］. Elementarformen sozialen Verhaltens. New York: Springger VS, 1968.

［26］Molm L D, Cook K S. Social exchange and exchange networks ［J］. Sociological perspectives on social psychology, 1995, 2(1): 209−235.

［27］Barbalet J. Social exchange theory ［J］. The Wiley-Blackwell Encyclopedia of Social Theory. 2017, (12): 1−11.

［28］Cropanzano R, Anthony E L, Daniels S R, et al. Social exchange theory: A critical review with theoretical remedies ［J］. Academy of Management Annals, 2017, 11(1): 479−516.

［29］Cropanzano R. Social exchange theory: An interdisciplinary review ［J］. Journal of management, 2005, 31(6): 874−900.

［30］Baumeister R F, Vohs K D. Encyclopedia of social psychology ［M］. London: Sage Publications, 2007.

［31］Gouldner A W. The norm of reciprocity: A preliminary statement ［J］. American sociological review. 1960, 25(2): 161−178.

［32］邹文篪, 田青, 刘佳. "投桃报李"——互惠理论的组织行为学研究述评 ［J］. 心理科学进展. 2012, 20(11): 1879−1888.

［33］Wu L Z, Zhang H, Chiu R K, et al. Hostile attribution bias and negative reciprocity beliefs exacerbate incivility's effects on interpersonal deviance ［J］. Journal of Business Ethics. 2013, 120(2): 189−199.

［34］Cosmides L, Tooby J. Neurocognitive adaptations designed for social exchange ［J］. The handbook of evolutionary psychology, 2005(10): 584−627.

［35］Pazy A, Ganzach Y. Predicting committed behavior: exchange ideology and pre-entry perceived organisational support ［J］. Applied Psychology, 2010, 59 (2): 339−359.

［36］Shore L M, Wayne S J. Commitment and employee behavior: comparison of affective commitment and continuance commitment with perceived organizational support ［J］. Journal of Applied Psychology, 1993, 78(5): 774−780.

［37］Ngo H Y, Foley S, Ji M S, et al. Work satisfaction of Chinese employees: A social exchange and gender-based view［J］. Social Indicators Research, 2014, 116(2): 457–473.

［38］Loi R, Hang-Yue N, Foley S. Linking employees' justice perceptions to organizational commitment and intention to leave: The mediating role of perceived organizational support［J］. Journal of Occupational & Organizational Psychology, 2006, 79(1): 101–120.

［39］He Y, Lai K K, Lu Y. Linking organizational support to employee commitment: evidence from hotel industry of China［J］. The International Journal of Human Resource Management, 2011, 22(01): 197–217.

［40］Ladd D, Henry R A. Helping coworkers and helping the organization: The role of support perceptions, exchange ideology, and conscientiousness［J］. Journal of Applied Social Psychology, 2000, 30(10): 2028–2049.

［41］Loi R, Ao O K Y, Xu A J. Perceived organizational support and coworker support as antecedents of foreign workers' voice and psychological stress［J］. International Journal of Hospitality Management, 2014, 36(1): 23–30.

［42］Saks A M. Antecedents and consequences of employee engagement［J］. Journal of Managerial Psychology, 2006, 21(7): 600–619.

［43］Kristof-Brown A L, Zimmerman R D, Johnson E C. Consequences of individuals' fit at work: A meta-analysis of person-job, person-organization, person-group, and person-supervisor fit［J］. Personnel Psychology, 2005, 58 (2), 281-342.

［44］Poff D C, Michalos A C. Encyclopedia of business and professional ethics ［M］. Berlin: Springer International Publishing, 2017.

［45］Chatman J A. Improving interactional organizational research: A model of person-organization fit［J］. Academy of Management Review, 1989, 14(3): 333–349.

［46］刘祯, 陈春花. 个人与组织契合的内涵及研究展望［J］. 管理学报, 2011, 08 (02): 173.

［47］ Kristof A L. Person-organization fit: An integrative review of its conceptualizations, measurement, and implications ［J］. Personnel psychology, 1996, 49(1): 1-49.

［48］ 邱林, 王雁飞. 个人—组织契合测量研究述评 ［J］. 工业技术经济, 2009, 28 (10): 56-59.

［49］ Schneider, B. Thepeople make the place ［J］. Personnel Psychology, 1987, 40 (3): 437-453.

［50］ Holland J L.The psychology of vocational choice: a theory of personality types and model environments ［J］. Journal of Human Resources, 1966, 97(2): 383.

［51］ Dawis R V, Lofquist L H. A psychological theory of work adjustment ［M］. Minneapolis: University of Minnesota Press, 1984.

［52］ Bretz R D, Judge T A. Person-organization fit and the theory of work adjustment: implications for satisfaction, tenure, and career success ［J］. Journal of Vocational Behavior, 1994, 44(1): 32-54.

［53］ Muchinsky P M, Monahan C J. What is person-environment congruence? supplementary versus complementary models of fit ［J］. Journal of Vocational Behavior, 1987, 31(3): 268-277.

［54］ Edwards I R, Shipp A J. The relationship between person-environment fit and outcomes: An integrative theoretical framework ［J］. Perspectives on Organizational Fit, 2007, 43(6): 1854-1884.

［55］ Boxx W R, Odom R Y, Dunn M G. Organizational values and value congruency and their impact on satisfaction, commitment, and cohesion: an empirical examination within the public sector ［J］. Public Personnel Management, 1991, 20(1): 195-205.

［56］ Cable D M, Judge T A. Person-organization fit, job choice decisions, and organizational entry ［J］. Organizational Behavior & Human Decision Processes, 1996, 67(3): 294-311.

［57］ Lovelace K, Rosen B. Differences in achieving person-organization fit among diverse groups of managers ［J］. Journal of Management, 1996, 22 (5): 703-722.

［58］Saks A M, Ashforth B E. Organizational socialization: making sense of the past and present as a prologue for the future ［J］. Journal of Vocational Behavior, 1997, 51(2), 234–279.

［59］Moos R H. Person-environment congruence in work, school, and health care settings ［J］. Journal of Vocational Behavior, 1987, 31(3): 231–247.

［60］Chatman J A. Matching people and organizations: selection and socialization in public accounting firms ［J］. Administrative Science Quarterly, 1991, 36(3): 459–484.

［61］Vancouver J B, Schmitt N. An exploratory examination of person-organization fit: Organizational goal congruence ［J］. Personnel Psychology, 1991, 44(2): 333–352.

［62］Posner B Z. Another look at the impact of personal and organizational values congruency ［J］. Journal of Business Ethics, 2010, 97(4): 535–541.

［63］Suar D, Khuntia R. Influence of personal values and value congruence on unethical practices and work behavior ［J］. Journal of Business Ethics, 2010, 97(3): 443–460.

［64］Edwards J R, Cable D M. The value of value congruence ［J］. Journal of Applied Psychology, 2009, 94(3): 654.

［65］赵红梅. 组织公民行为与员工绩效关系研究: 基于个人特质与个人—组织契合度的调节作用 ［M］. 北京: 知识产权出版社, 2009.

［66］朱青松, 陈维政. 员工与组织的价值观实现度匹配及其作用的实证研究 ［J］. 管理学报, 2009, 06(05): 628–634.

［67］朱金强, 徐世勇, 张丽华. "宽猛相济" 促创新——基于阴阳观的视角 ［J］. 南开管理评论, 2018, 21(05): 202–214.

［68］邢璐, 孙健敏, 尹奎. 过犹不及效应及其作用机制 ［J］. 心理科学进展, 2018, 26(04): 719–730.

［69］颜静, 张旭, 邵芳. 员工挑战型组织公民行为与主管绩效评价——主管的组织承诺的调节作用 ［J］. 管理评论, 2017, 29(04): 134–142.

［70］严瑜, 张倩. 过犹不及——组织公民行为消极面的解读与探析 ［J］. 心理科

学进展, 2014, 22(05): 834-844.

[71] 庞立君, 任颋, 王向阳. CEO 变革型领导与企业绩效关系研究——失败学习的非线性中介作用 [J]. 研究与发展管理, 2019, 31(04): 114-126.

[72] Zhao H, Xia Q. An examination of the curvilinear relationship between workplace ostracism and knowledge hoarding [J]. Management Decision, 2017, 55(2): 331-346.

[73] Ng C, Sarris A. Distinguishing between the effect of perceived organisational support and person-organisation fit on work outcomes. The Australian and New Zealand [J]. Journal of Organisational Psychology, 2009, 2(8): 1-9.

[74] Burnett M F, Chiaburu D S, Shapiro D L, et al. Revisiting how and when perceived organizational support enhances taking charge: an inverted U-shaped perspective [J]. Journal of Management, 2015, 41(7): 1805-1826.

[75] Lam C F, Spreitzer G, Fritz C.Too much of a good thing: Curvilinear effect of positive affect on proactive behaviors [J]. Journal of Organizational Behavior, 2014, 35(4): 530-546.

[76] Reis D, Hoppe A, Arndt C, et al. Time pressure with state vigour and state absorption: Are they non-linearly related [J]. European Journal of Work and Organizational Psychology, 2017, 26(1): 94-106.

[77] Long C, Li Z, Ning Z. Exploring the nonlinear relationship between challenge stressors and employee voice: The effects of leader-member exchange and organisation-based self-esteem [J]. Personality and Individual Differences, 2015, 83(9): 24-30.

[78] Godard J. High performance and the transformation of work? The implications of alternative work practices for the experience and outcomes of work [J]. ILR Review, 2001, 54(4): 776-805.

[79] Zhou J, George J M. When job dissatisfaction leads to creativity: encouraging the expression of voice [J]. Academy of Management Journal, 2001, 44(4): 682-696.

[80] Settoon R P, Bennett N, Liden R C. Social exchange in organizations:

Perceived organizational support, leader-member exchange, and employee reciprocity [J]. Journal of Applied Psychology, 1996, 81(3): 219–227.

[81] Scott S G, Bruce R A. Determinants of innovative behavior: a path model of individual innovation in the workplace [J]. Academy of Management Journal, 1994, 37(3), 580–607.

[82] Wayne S J, Shore L M, Liden R C. Perceived organizational support and leader-member exchange: A social exchange perspective [J]. Academy of Management Journal, 1997, 40(1): 82–111.

[83] Kraimer M L, Wayne S J. An examination of perceived organizational support as a multidimensional construct in the context of an expatriate assignment [J]. Journal of Management, 2004, 30(2): 209–237.

[84] 陈志霞, 廖建桥. 组织支持感及其前因变量和结果变量研究进展 [J]. 人类工效学, 2006, 12(01): 62–65.

[85] 陈志霞, 陈剑峰. 组织支持感影响工作绩效的直接与间接效应 [J]. 工业工程与管理, 2008, 13(01): 99–104.

[86] 陈志霞, 陈传红. 组织支持感及支持性人力资源管理对员工工作绩效的影响 [J]. 数理统计与管理, 2010, 29(04): 719–727.

[87] 李晓艳, 周二华. 顾客言语侵犯对服务人员离职意愿的影响研究: 心理资本的调节作用 [J]. 南开管理评论, 2012, 15(02): 39–47.

[88] 凌文辁, 杨海军, 方俐洛. 企业员工的组织支持感 [J]. 心理学报, 2006, 38 (02): 281–287.

[89] 顾远东, 周文莉, 彭纪生. 组织支持感对研发人员创新行为的影响机制研究 [J]. 管理科学, 2014(01): 109–119.

[90] 纪晓丽, 曾艳, 凌玲. 组织支持感与工作绩效关系的实证研究 [J]. 工业工程, 2008, 11(04): 66–69.

[91] 刘枭. 组织支持、组织激励、员工行为与研发团队创新绩效的作用机理研究 [D]. 杭州: 浙江大学, 2011.

[92] 宝贡敏, 刘枭. 感知组织支持的多维度构思模型研究 [J]. 科研管理, 2011, 32(02): 160–168.

［93］Watt J D, Hargis M B. Boredom proneness: its relationship with subjective underemployment, perceived organizational support, and job performance ［J］. Journal of Business & Psychology, 2010, 25(1): 163–174.

［94］李宗波, 李巧灵, 田艳辉. 工作投入对情绪耗竭的影响机制——基于工作需求—资源模型的研究 ［J］. 软科学, 2013, 27(06): 103–107.

［95］Yuan F, Woodman R W. Innovative behavior in the workplace: the role of performance and image outcome expectations ［J］. Academy of Management Journal, 2010, 53(2): 323–342.

［96］Uhl-Bien M, Riggio R E, Lowe K B, et al. Followership theory: a review and research agenda ［J］. The Leadership Quarterly, 2014, 25(1): 83–104.

［97］Moorman R H, Blackely G L, Niehoff B P. Does perceived organizational support mediate the relationship between procedural justice and organizational citizenship behavior ［J］. Academy of Management Journal, 1998, 41(3): 351–357.

［98］Loi R, Hang-Yue N, Foley S. Linking employees' justice perceptions to organizational commitment and intention to leave: The mediating role of perceived organizational support ［J］. Journal of Occupational & Organizational Psychology, 2006, 79(1): 101–120.

［99］陈胜军, 殷新峰. 组织支持感与工作绩效的关系研究 ［J］. 生产力研究, 2010(05): 236–237.

［100］蒋春燕. 员工公平感与组织承诺和离职倾向之间的关系: 组织支持感中介作用的实证研究 ［J］. 经济科学, 2007, 29(06): 118–128.

［101］徐灿. 组织公平感对员工工作绩效影响的实证研究 ［D］. 南京: 南京理工大学, 2009.

［102］傅升, 丁宁宁, 赵懿清, 等. 企业内的社会交换关系研究: 组织支持感与领导支持感 ［J］. 科学学与科学技术管理, 2010, 31(06): 175–181.

［103］李金波, 许百华, 左伍衡. 影响工作倦怠形成的组织情境因素分析 ［J］. 中国临床心理学杂志, 2006, 14(02): 146–149.

［104］李金波, 许百华, 陈建明. 影响员工工作投入的组织相关因素研究 ［J］. 应

用心理学, 2006, 12(02): 176-181.

［105］Armstrong-Stassen M, Schlosser F. When hospitals provide HR practices tailored to older nurses, will older nurses stay? It may depend on their supervisor ［J］. Human Resource Management Journal, 2010, 20 (4): 375-390.

［106］屈丽萍. 基于组织待遇的组织支持感知、工作态度与工作结果关系研究 ［D］. 杭州: 浙江大学, 2006.

［107］孟祥菊. 组织支持感研究述评 ［J］. 合肥工业大学学报(社会科学版), 2010, 24(04): 24-29.

［108］苗仁涛, 周文霞, 刘军,等. 高绩效工作系统对员工行为的影响: 一个社会交换视角及程序公平的调节作用 ［J］. 南开管理评论, 2013, 16(05): 38-50.

［109］苗仁涛, 周文霞, 刘丽,等. 高绩效工作系统有助于员工建言? 一个被中介的调节作用模型 ［J］. 管理评论, 2015, 27(07): 105-115.

［110］杨巍. 工作压力源、组织支持感知与工作投入关系研究 ［D］. 杭州: 浙江大学, 2008.

［111］杨佳. 我国 IT 员工工作压力及其与组织支持感的关系研究 ［D］. 济南: 山东大学, 2007.

［112］弋敏. 知识型员工工作压力实证研究 ［D］. 西安: 西安理工大学, 2007.

［113］Allen D G, Shore L M, Griffeth R W. The role of perceived organizational support and supportive human resource practices in the turnover process ［J］. Journal of Management, 2003, 29(1): 99-118.

［114］Snape E, Redman T. HRM practices, organizational citizenship behaviour, and performance: a multi-level analysis ［J］. Journal of Management Studies, 2010, 47(7): 1219-1247.

［115］曹科岩, 宁崴. 人力资源管理实践对员工敬业度的影响: 组织支持感的中介作用——基于广东省高科技企业的实证研究 ［J］. 科技管理研究, 2012, 32 (05): 174-178.

［116］宋利, 古继宝, 杨力. 人力资源实践对员工组织支持感和组织承诺的影响实证研究 ［J］. 科技管理研究, 2006, 26(07): 157-160.

[117] 李敏, 黄怡. 员工组织职业生涯管理感知对工作满意度的影响——组织支持感的中介作用 [J]. 中国人力资源开发, 2013(17): 73-77.

[118] 何会涛, 袁勇志, 彭纪生. 对员工发展投入值得吗? ——发展型人力资源实践对员工知识共享行为及离职意愿的影响 [J]. 管理评论, 2011, 23(01): 75-84.

[119] Deconinck J B. The effect of organizational justice, perceived organizational support, and perceived supervisor support on marketing employees' level of trust [J]. Journal of Business Research, 2010, 63(12): 1349-1355.

[120] Stinglhamber F, De Cremer D, Mercken L. Perceived support as a mediator of the relationship between justice and trust: a multiple foci approach [J]. Group & Organization Management An International Journal, 2006, 31(4): 442-468.

[121] Camerman J, Cropanzano R, Vandenberghe C. The Benefits of justice for temporary workers [J]. Group & Organization Management An International Journal, 2007, 32(2): 176-207.

[122] Miceli M P, Near J P, Rehg M T, et al. Predicting employee reactions to perceived organizational wrongdoing: Demoralization, justice, proactive personality and whistle-blowing [J]. Human Relations, 2012, 65(8): 923-954.

[123] El Akremi A, Vandenberghe C, Camerman J. The role of justice and social exchange relationships in workplace deviance: Test of a mediated model [J]. Human Relations, 2010, 63(11): 1687-1717.

[124] Kurtessis J N, Eisenberger R, Ford M T, et al. Perceived organizational support: A meta-analytic evaluation of organizational support theory [J]. Journal of Management, 2017, 43(6): 1854-1884.

[125] Rhoades L, Eisenberger R, Armeli S. Affective commitment to the organization: the contribution of perceived organizational support [J]. Journal of Applied Psychology, 2001, 86(5): 825-836.

[126] Wayne S J, Shore L M, Bommer W H, et al. The role of fair treatment and

rewards in perceptions of organizational support and leader-member exchange [J]. Journal of Applied Psychology, 2002, 87(3): 590-598.

[127] Lavelle J J, Rupp D E, Brockner J. Taking a multifoci approach to the study of justice, social exchange, and citizenship behavior: the target similarity model [J]. Journal of Management, 2007, 33(6): 841-866.

[128] Lavelle J J, McMahan G C, Harris C M. Fairness in human resource management, social exchange relationships, and citizenship behavior: testing linkages of the target similarity model among nurses in the United States [J]. International Journal of Human Resource Management, 2009, 20(12): 2419-2434.

[129] Tekleab A G, Takeuchi R, Taylor M S. Extending the chain of relationships among organizational justice, social exchange, and employee reactions: The role of contract violations [J]. Academy of Management Journal, 2005, 48 (1): 146-157.

[130] Ambrose M L, Schminke M. Organization structure as a moderator of the relationship between procedural justice, interactional justice, perceived organizational support, and supervisory trust [J]. Journal of Applied Psychology, 2003, 88(2): 295.

[131] Masterson S S, Lewis K, Goldman B M, et al. Integrating Justice and Social Exchange: The Differing Effects of Fair Procedures and Treatment on Work Relationships [J]. Academy of Management Journal, 2000, 43(4): 738-748.

[132] Liden R C, Wayne S J, Kraimer M L, et al. The dual commitments of contingent workers: an examination of contingents' commitment to the agency and the organization [J]. Journal of Organizational Behavior, 2003, 24(5): 609-625.

[133] 刘璞, 井润田, 刘煜. 基于组织支持的组织公平与组织承诺关系的实证研究 [J]. 管理评论, 2008, 20(11): 31-35.

[134] Baran B E, Shanock L R, Miller L R. Advancing organizational support theory into the twenty-first century world of work [J]. Journal of Business &

Psychology, 2012, 27(2): 123–147.

[135] Colquitt J A, Scott B A, Rodell J B, et al. Justice at the millennium, a decade later: A meta-analytic test of social exchange and affect-based perspectives [J]. Journal of Applied Psychology, 2013, 98(2): 199–236.

[136] 秦志华, 傅升, 蒋诚潇. 基于领导—成员交换视角的组织公平与组织认同关系研究 [J]. 商业经济与管理, 2010(02): 37–43.

[137] Liao H, Joshi A, Chuang A. Sticking out like a sore thumb: Employee dissimilarity and deviance at work [J]. Personnel Psychology, 2004, 57(4): 969–1000.

[138] Sturges J, Conway N, Liefooghe A. Organizational support, individual attributes, and the practice of career self-management behavior [J]. Group & Organization Management, 2010, 35(1): 108–141.

[139] 黄海艳. 非正式网络对个体创新行为的影响——组织支持感的调节作用 [J]. 科学学研究, 2014, 32(04): 631–638.

[140] 侯莉颖, 陈彪云. 个体差异、组织支持感与工作绩效 [J]. 深圳大学学报(人文社会科学版), 2011, 28(02): 74–78.

[141] Eisenberger R, Stinglhamber F, Vandenberghe C, et al. Perceived supervisor support: contributions to perceived organizational support and employee retention [J]. Journal of Applied Psychology, 2002, 87(3): 565–573.

[142] Maertz C P, Griffeth R W, Campbell N S, et al. The effects of perceived organizational support and perceived supervisor support on employee turnover [J]. Journal of Organizational Behavior, 2007, 28(8): 1059–1075.

[143] Shanock L R, Eisenberger R. When supervisors feel supported: relationships with subordinates' perceived supervisor support, perceived organizational support, and performance [J]. Journal of Applied Psychology, 2006, 91(3): 689–695.

[144] Kossek E E, Pichler S, Bodner T, et al. Workplace social support and work-family conflict: A meta-analysis clarifying the influence of general and work-family-specific supervisor and organizational support [J]. Pers Psychol,

2011, 64(2): 289-313.

［145］白云涛, 王亚刚, 席酉民. 多层级领导对员工信任、工作绩效及创新行为的影响模式研究［J］. 管理工程学报, 2008, 22(03): 24-29.

［146］Piercy N F, Cravens D W, Lane N, et al. Driving organizational citizenship behaviors and salesperson in-role behavior performance: The role of management control and perceived organizational support［J］. Journal of the Academy of Marketing Science, 2006, 34(2): 244-262.

［147］Bolino M C, Hsiung H H, Harvey J, et al. "Well, I'm Tired of Tryin'!" Organizational citizenship behavior and citizenship fatigue［J］. J Appl Psychol, 2015, 100 (1): 56-74.

［148］Glavas A, Kelley K. The Effects of Perceived Corporate Social Responsibility on Employee Attitudes［J］. Business Ethics Quarterly, 2014, 24 (2): 165-202.

［149］何显富, 陈宇, 张微微. 企业履行对员工的社会责任影响员工组织公民行为的实证研究——基于社会交换理论的分析［J］. 社会科学研究, 2011(05): 115-119.

［150］Allen D G, Shanock L R. Perceived organizational support and embeddedness as key mechanisms connecting socialization tactics to commitment and turnover among new employees［J］. Journal of Organizational Behavior, 2013, 34(3): 350-369.

［151］Van Knippenberg D, Sleebos E. Organizational identification versus organizational commitment: self-definition, social exchange, and job attitudes. Journal of Organizational Behavior［J］. 2006, 27(5): 571-584.

［152］Valentine S, Greller M M, Richtermeyer S B. Employee job response as a function ofethical context and perceived organization support［J］. Journal of Business Research, 2006, 59(5): 582-588.

［153］Rosenblatt Z, Ruvio A. A test of a multidimensional model of job insecurity: The case of Israeli teachers［J］. Journal of Organizational Behavior, 1996, 17(81): 587-605.

［154］胡三嫚. 工作不安全感及其对组织结果变量的影响机制［D］. 武汉: 华中师范大学, 2008.

［155］Shoss M K, Eisenberger R, Restubog S L, et al. Blaming the organization for abusive supervision: the roles of perceived organizational support and supervisor's organizational embodiment［J］.Journal of Applied Psychology, 2013, 98(1): 158−168.

［156］Gakovic A, Tetrick L E. Perceived organizational support and work status: a comparison of the employment relationships of part-time and full-time employees attending university classes［J］. Journal of Organizational Behavior, 2003, 24(5): 649−666.

［157］Marler J H, Fisher S L, Ke W. Employee Self-Service technology acceptance: A comparison of pre-implementation and post-implementation relationships ［J］. Personnel Psychology, 2009, 62(2): 327−358.

［158］Armstrong-Stassen D M, Ursel N D. Perceived organizational support, career satisfaction, and the retention of older workers［J］. Journal of Occupational & Organizational Psychology, 2009, 82(1): 201−220.

［159］Hui C, Wong A, Tjosvold D. Turnover intention andperformance in China: The role of positive affectivity, Chinese values, perceived organizational support and constructive controversy［J］. Journal of Occupational & Organizational Psychology, 2007, 80(4): 735-751.

［160］Zagenczyk T J, Scott K D, Gibney R. et al. Social influence and perceived organizational support: A social networks analysis［J］. Organizational Behavior and Human Decision Processes, 2010, 111(2): 127−138.

［161］Wang Y D, Hsieh H H. Organizational ethical climate, perceived organizational support, and employee silence: A cross-level investigation［J］. Human Relations, 2013, 66(6): 783−802.

［162］Eder P, Eisenberger R. Perceived organizational support: Reducing the negative influence of coworker withdrawal behavior［J］. Journal of Management Official Journal of the Southern Management Association, 2008, 34 (1):

55-68.

[163] Ashford S J, Rothbard N P, Piderit, et al. Out on a climb: The role of context and impression management in selling gender-equity issues [J]. Administrative Quarterly, 1998, 43(1): 23-57.

[164] Chambel M J, Sobral F. Training is an investment with return in temporary workers: A social exchange perspective. [J]. Career Development International, 2011, 16(2): 161-177.

[165] Kuvaas B. An exploration of how the employee-organization relationship affects the linkage between perception of developmental human resource practices and employee outcomes [J]. Journal of Management Studies, 2008, 45(1): 1-25.

[166] Muse L, Harris S G, Giles W F, et al. Work-life benefits and positiveorganizational behavior: is there a connection? [J]. Journal of Organizational Behavior, 2008, 29(2): 171-192.

[167] 王震, 孙健敏. 人力资源管理实践、组织支持感与员工承诺和认同———一项跨层次研究 [J]. 经济管理, 2011, 33(04): 80-86.

[168] Coyle-shapiro J A, Conway N. Exchange relationships: examining psychological contracts and perceived organizational support [J]. Journal of Applied Psychology, 2005, 90(4): 774-781.

[169] Bal P M, Chiaburu D S, Jansen P G W. Psychological contract breach and work performance: is social exchange a buffer or an intensifier? [J]. Journal of Managerial Psychology, 2010, 25(3): 252-273.

[170] Suazo M M. The mediating role of psychological contract violation on the relations between psychological contract breach and work-related attitudes and behaviors [J]. Journal of Managerial Psychology, 2009, 24(2): 136-160.

[171] Kiewitz C, Restubog S L D, Zagenczyk T, et al. The interactive effects of psychological contract breach and organizational politics on perceived organizational support: evidence from two longitudinal studies [J]. Journal of Management Studies, 2009,46(5): 806-834.

［172］Coyle-Shapiro J, Kessler I. Consequences of the psychological contract for the employment relationship: A large scale survey ［J］. Journal of Management Studies, 2000, 37(7): 903−930.

［173］沈伊默, 袁登华. 心理契约破坏感对员工工作态度和行为的影响［J］. 心理学报, 2007, 39(01): 155−162.

［174］Erdogan B, Kraimer M L, Liden R C. Work value congruence and intrinsic career success: the compensatory roles of leader-member exchange and perceived organizational support ［J］. Personnel Psychology, 2010, 57(2): 305−332.

［175］谭小宏. 个人与组织价值观匹配对员工工作投入、组织支持感的影响［J］. 心理科学, 2012, 35(04): 973−977.

［176］马贵梅, 樊耘, 于维娜，等. 员工—组织价值观匹配影响建言行为的机制［J］. 管理评论, 2015, 27(04): 85−98.

［177］刘小平, 王重鸣. 中西方文化背景下的组织承诺及其形成［J］. 外国经济与管理, 2002, 24(01): 17−21.

［178］Tai K, Narayanan J, Mcallister D J. Envy as pain: Rethinking the nature of envy and itsimplications for employees and organizations ［J］. Academy of Management Review, 2012, 37(01): 107−129.

［179］Karatepe O M. Do job resources moderate the effect of emotional dissonanceon burnout? ［J］. International Journal of Contemporary Hospitality Management, 2011, 23(23): 44−65.

［180］许为民, 宋体忠. 情绪劳动对员工工作绩效的影响［J］. 商业研究, 2013, 55(01): 97−101.

［181］Conway N, Coyle-Shapiro A M. The reciprocal relationship between psychological contract fulfilment and employee performance and the moderating role of perceived organizational support and tenure ［J］. Journal of Occupational & Organizational Psychology, 2012, 85(2): 277−299.

［182］Erdogan B, Enders J. Support from the top: supervisors' perceived organizational support as a moderator of leader-member exchange to satisfaction and performance relationships ［J］. Journal of Applied Psychology, 2007, 92(2):

321－330.

[183] Treadway D C, Hochwarter W A, Ferris G R, et al. Leader political skill and employee reactions [J]. Leadership Quarterly, 2004, 15(4): 493－513.

[184] Gibney R, Zagenczyk T J, Masters M F. The Negative Aspects of Social Exchange: An Introduction to Perceived Organizational Obstruction [J]. Group & Organization Management, 2009, 34(6): 665－697.

[185] Wang M, Liu S, Liao H, et al. Can't get it out of my mind: employee rumination after customer mistreatment and negative mood in the next morning [J]. J Appl Psychol, 2013, 98(6): 989－1004.

[186] Hochwarter W A, Witt L A, Treadway D C, et al. The interaction of social skill and organizational support on job performance [J]. J Appl Psychol, 2006, 91(2): 482－489.

[187] Anand S, Vidyarthi P R, Liden R C, et al. Good citizens in poor-quality relationships: idiosyncratic deals an A substitute for relationship quality [J]. Academy of Management Journal, 2010, 53(5): 970－988.

[188] Alder G S, Noel T W, Ambrose M L. Clarifying the effects of Internet monitoring on job attitudes: The mediating role of employee trust [J]. Information & Management, 2006, 43(7): 894－903.

[189] Shore L M, Barksdale K. Examining degree of balance and level of obligation in the employment relationship: A social exchange approach [J]. Journal of Organizational Behavior, 1998, 19(81): 731－744.

[190] 宋峰. 企业研发人员组织支持感影响绩效过程模型研究 [D]. 杭州: 浙江大学, 2007.

[191] Chou H Y, Hecker R, Martin A. Predicting nurses' well-being from job demands and resources: a cross-sectional study of emotional labour [J]. Journal of Nursing Management, 2012, 20(4): 502.

[192] Dulac T, Coyleshapiro J A M, Henderson D J, et al. Not all responses to breach are the same: The interconnection of social exchange and psychological contract processes in organizations [J]. Academy of Management Journal, 2008, 51(6):

1079-1098.

[193] Bishop J W, Scott K D, Burroughs S M. Support, commitment, and employee outcomes in a team environment [J]. Journal of Management, 2000, 26(6): 1113-1132.

[194] Riggle R J, Edmondson D R, Hansen J D. Ameta-analysis of the relationship between perceived organizational support and job outcomes: 20 years of research [J]. Journal of Business Research, 2009, 62(10): 1027-1030.

[195] Shaffer M A, Harrison D A, Gilley K M, et al. Struggling for balance amid turbulence on international assignments: Work-family conflict, support and commitment [J]. Journal of Management, 2001, 27(1): 99-121.

[196] 沈伊默. 从社会交换的角度看组织认同的来源及效益 [J]. 心理学报, 2007, 39(5): 918-925.

[197] 陈东健, 陈敏华. 工作价值观、组织支持感对外企核心员工离职倾向的影响——以苏州地区为例 [J]. 经济管理, 2009,31(11): 96-105.

[198] 倪昌红, 叶仁荪, 黄顺春, 等. 工作群体的组织支持感与群体离职: 群体心理安全感与群体凝聚力的中介作用 [J]. 管理评论, 2013, 25(5): 92-101.

[199] 赵延昇, 李曼. 企业 80 后知识型员工工作倦怠与离职倾向之间的关系研究——以组织支持感为调节变量 [J]. 上海管理科学, 2012, 34(3): 75-79.

[200] 黄攸立, 周琴. 人格特质在员工离职倾向决定中的调节效应研究 [J]. 北京理工大学学报(社会科学版), 2010, 12(4): 32-37.

[201] 陈志霞. 知识员工组织支持感对工作绩效和离职倾向的影响 [D]. 武汉: 华中科技大学, 2006.

[202] 杜鸿儒, 阮金钟. 组织支持感与员工工作态度: 组织信任中介作用的实证研究 [J]. 南大商学评论, 2006(04): 97-116.

[203] Rich B L, Lepine J A, Crawford E R. Job engagement: Antecedents and effects on job performance [J]. Academy of Management Journal, 2010, 53(3): 617-635.

[204] Stamper C L, Masterson S S. Insider or outsider? how employee perceptions of insider status affect their work behavior [J]. Journal of Organizational

Behavior, 2002, 23(8): 875–894.

[205] Lamm E, Tosti-Kharas J, Williams E G. Read This Article, but don't print it organizational citizenship behavior toward the environment [J]. Group & Organization Management, 2013, 38(2): 163–197.

[206] Coyle-Shapiro A M, Morrow P C. Organizational and client commitment among contracted employees [J]. Journal of Vocational Behavior, 2006, 68 (3), 416–431.

[207] 魏江茹. 高科技企业知识员工组织支持和组织公民行为的关系研究 [J]. 软科学, 2010, 24(04): 109–111.

[208] 廖丹凤. 工作场所感知、组织犬儒主义与组织效果的关系研究 [D]. 厦门: 厦门大学, 2009.

[209] 田喜洲, 谢晋宇. 组织支持感对员工工作行为的影响: 心理资本中介作用的实证研究 [J]. 南开管理评论, 2010, 13(01): 23–29.

[210] 王文娟, 李京文. 组织支持感对组织公民行为影响的研究 [J]. 中国流通经济, 2007, 21(08): 53–55.

[211] Eisenberger R, Cummings J, Armeli S, et al. Perceived organizational support, discretionary treatment, and job satisfaction [J]. J Appl Psychol, 1997, 82 (5): 812–820.

[212] Gillet N, Fouquereau E, Forest J, et al. The impact of organizational factors on psychological needs and their relations with well-being [J]. Journal of Business & Psychology, 2012, 27(4): 437–450.

[213] 余琛. 知识型人才组织支持感、职业承诺和职业成功的关系 [J]. 软科学, 2009, 23(08): 107–109.

[214] 刘华, 李亚慧. 组织支持感对组织信任、工作投入、工作满意感的影响研究 [J]. 经济论坛, 2011(06): 193–196.

[215] 孙健敏, 陆欣欣, 孙嘉卿. 组织支持感与工作投入的曲线关系及其边界条件 [J]. 管理科学, 2015, 28(02): 93–102.

[216] 卢纪华, 陈丽莉, 赵希男. 组织支持感、组织承诺与知识型员工敬业度的关系研究 [J]. 科学学与科学技术管理, 2013, 34(01): 147–153.

［217］Kraimer M L, Wayne S J, Jaworski R A. Sources of support and expatriate performance: The mediating role of expatriate adjustment ［J］. Personnel Psychology, 2001, 54(1): 71-99.

［218］Lynch P D, Eisenberger R, Armeli S. Perceived organizational support: Inferior versus superior performance by wary employees ［J］. Journal of Applied Psychology, 1999, 84(4): 467-483.

［219］Armeli S, Eisenberger R, Fasolo P, et al. Perceived organizational support and police performance: the moderating influence of socioemotional needs ［J］. Journal of Applied Psychology, 1998, 83(2): 288-297.

［220］Hekman D R, Bigley G A, Steensma H K, et al. Combined effects of organizational and professional identification on the reciprocity dynamic for professional employees ［J］. Academy of Management Journal, 2009, 52(3): 506-526.

［221］Wang M, Takeuchi R. The role of goal orientation during expatriation: A cross-sectional and longitudinal investigation ［J］. Journal of Applied Psychology, 2007, 92(5): 1437-1445.

［222］Takeuchi R, Wang M, Marinova S V, et al. Role of domain-specific facets of perceived organizational support during expatriation and implications for performance ［J］. Organization Science, 2009, 20(3): 621-634.

［223］Karatepe O M. Perceived organizational support, career satisfaction, and performance outcomes: a study of hotel employees in Cameroon ［J］. International Journal of Contemporary Hospitality Management, 2012, 24(5): 735-752.

［224］Farh J L, Hackett R D, Liang J. Individual-level cultural values as moderators of perceived organizational support-employee outcome relationships in China: comparing the effects of power distance and traditionality ［J］. Academy of Management Journal, 2007, 50(3): 715-729.

［225］罗丽玲. 销售人员工作压力与工作绩效关系研究 ［D］. 厦门: 厦门大学, 2009.

［226］Lages C, Piercy N. Key drivers of front-line employee generation of ideas for customer service improvement ［J］. Journal of Service Research, 2012, 15 (2): 215-230.

［227］Paroutis S, Al Saleh A. Determinants of knowledge sharing using web 2.0 technologies ［J］. Journal of Knowledge Management, 2009,13(4): 52-63.

［228］De Stobbeleir K E M, Ashford S J, Buyens D. Self-regulation of creativity at work: The role of feedback-seeking behavior in creative performance ［J］. Academy of Management Journal, 2011, 54(4): 811-831.

［229］杨玉浩, 龙君伟. 组织支持感、感情承诺与知识分享行为的关系研究 ［J］. 研究与发展管理, 2008, 20(06): 62-66.

［230］初浩楠. 中国文化环境下企业人际信任及其对知识共享的影响研究 ［D］. 武汉: 华中科技大学, 2008.

［231］姜薇薇. 员工组织支持感、心理所有权与建言行为关系研究 ［D］. 吉林: 吉林大学, 2014.

［232］段锦云, 田晓明, 孔瑜, 等. 组织支持感对员工进谏行为的影响机制 ［J］. 心理研究, 2011, 04(02): 65-69.

［233］张东. 工作压力作用效能的同步多维检验研究 ［D］. 杭州: 浙江大学, 2006.

［234］白玉苓. 工作压力、组织支持感与工作倦怠关系研究 ［D］. 北京: 首都经济贸易大学, 2010.

［235］袁勇志, 何会涛. 组织内社会交换关系对心理契约违背影响的实证研究 ［J］. 中国软科学, 2010(02): 122-131.

［236］Maurer T J, Pierce H R, Shore L M. Perceived beneficiary of employee development activity: a three-dimensional social exchange model ［J］. Academy of Management Review, 2002, 27(3): 432-444.

［237］Colbert A E, Mount M K, Harter J K, et al. Interactive effects of personality and perceptions of the work situation on workplace deviance ［J］. J Appl Psychol, 2004, 89(4): 599-609.

［238］Lee J, Peccei R. Perceived organizational support and affective commitment: The mediating role of organization-based self-esteem in the context of job insecurity ［J］. Journal of Organizational Behavior, 2007, 28(6): 661-685.

［239］杨海军. 企业员工组织支持感探讨［D］. 广州: 暨南大学, 2003.

［240］Whitener E M. Do "high commitment" human resource practices affect employee commitment? A cross-level analysis using hierarchical linear modeling［J］. Journal of Management, 2001, 27(5): 515-535.

［241］李超平, 鲍春梅. 社会交换视角下的组织沉默形成机制: 信任的中介作用［J］. 管理学报, 2011, 08(05): 676-682.

［242］Parzefall M R, Salin D M. Perceptions of and reactions to workplace bullying: A social exchange perspective［J］. Human Relations, 2010, 63(6): 761-780.

［243］Bell S J, Menguc B. The employee-organization relationship, organizational citizenship behaviors, and superior service quality［J］. Journal of Retailing, 2002, 78(2): 131-146.

［244］Mobley, W H, Horner, S O, & Hollingsworth, A T. An evaluation of precursors of hospital employee turnover［J］. Journal of Applied Psychology, 1978, 63 (4), 408-414.

［245］Ferris K R, Aranya N. A comparison of two organizational commitment scales ［J］. Personnel Psychology, 2010, 36(1): 87-98.

［246］Steel R P, Ovalle N K. A review and meta-analysis of research on the relationship between behavioral intentions and employee turnover［J］. Journal of Applied Psychology, 1984, 69(4): 673-686.

［247］Michaels C E, Spector P E. Causes of employee turnover: a test of the mobley, griffeth, hand, and meglino model［J］. Journal of Applied Psychology, 1982, 67(1): 53-59.

［248］Mowday R T, Porter L W, Steers R M. Employee-organization linkages: The psychology of commitment, absenteeism, and turnover［M］. New York: Academic press, 1982.

［249］Allen N J, Meyer J P. The measurement and antecedents of affective, continuance and normative commitment to the organization［J］. Journal of occupational psychology, 1990, 63(1): 1-18.

［250］Meyer J P, Allen N J. A three-component conceptualization of organizational commitment [J]. Human Resource Management Review, 1991, 20 (4): 283–294.

[251] Shore L M, Tetrick L E. A construct validity study of the survey of perceived organizational support [J]. Journal of Applied Psychology, 1991, 76 (5): 637–643.

[252] Shouksmith G. Variables related to organizational commitment in health professionals [J]. Psychological Reports, 1994, 74(3): 707–711.

[253] Chang E. Career commitment as a complex moderator of organizational commitment and turnover intention [J]. Human Relations, 1999, 52(10): 1257–1278.

[254] Meyer J, Stanley D, Jackson T, et al. Affective, normative, and continuance commitment levels across cultures: a meta-analysis [J]. Journal of Vocational Behavior, 2012, 80(2): 225–245.

[255] Meyer J P, Herscovitch L. Commitment in the workplace: toward a general model [J]. Human Resource Management Review, 2002, 11(3): 299–326.

[256] Freudenberger H J. The staff burn-out syndrome in alternative institutions [J]. Psychotherapy Theory Research & Practice,1975, 12(1): 73–82.

[257] Freudenberger H J. Burnout: contemporary issues, trends, and concerns. In B.A. Farber (ed.), Stress and Burnout in the Human Service Professions [M]. New York : Anchor Press/Doubleday, 1983.

[258] Cherniss C. Staff burnout: Job stress in the human services [M]. California: Sage Publication, 1980.

[259] Maslach C, Jackson S E. The measurement of experienced burnout [J]. Journal of Organizational Behavior,1981, 2(2): 99–113.

[260] Hatton C, Emerson E, Rivers M, et al. Factors associated with staff stress and work satisfaction in services for people with intellectual disability [J]. Journal of Intellectual Disability Research, 1999, 43(4): 253–267.

[261] Hatton C, Emerson E. Organizational predictors of staff stress, satisfaction, and intended turnover in a service for people with multiple disabilities [J].

Mental Retardation, 1993, 31(6): 388.

[262] Leiter M P, Maslach C. Nurse turnover: The mediating role of burnout [J]. Journal of Nursing Management, 2009, 17(3): 331-339.

[263] Ohue T, Moriyama M, Nakaya T. Examination of a cognitive model of stress, burnout, and intention to resign for japanese nurses [J]. Japan Journal of Nursing Science, 2011, 8(1): 76–86.

[264] Harwood L, Ridley J, Wilson B, et al. Occupational burnout, retention and health outcomes in nephrology nurses [J]. Cannt Journal, 2010, 20(4): 18–23.

[265] Sawatzky J A, Enns C L. Exploring the key predictors of retention in emergency nurses [J]. Journal of Nursing Management, 2012, 20(5): 696–707.

[266] Meade A W, Craig S B.Identifying careless responses in survey data [J]. Psychological Methods, 2012, 17(3): 437–455.

[267] McMillan R. Customer satisfaction and organizational support for service providers [D]. Doctoral dissertation, University of Florida, 1997.

[268] Wang Z, Liu C, Yang S, et al. Employee fitness programs: exploring relationships between perceived organizational support toward employee fitness and organizational sustainability performance [J]. Sustainability, 2018, 10(6): 1930.

[269] 李超平, 时勘.分配公平与程序公平对工作倦怠的影响 [J]. 心理学报, 2003, 35(5): 677–684.

[270] 张辉, 牛振邦.特质乐观和状态乐观对一线服务员工服务绩效的影响——基于"角色压力—倦怠—工作结果"框架 [J].南开管理评论, 2013, 16(01): 110–121.

[271] 翁清雄, 席酉民.产业集群与非产业集群企业员工组织行为比较研究 [J]. 科学学与科学技术管理, 2010, 31(04): 193–199.

[272] 程垦, 林英晖.组织支持一致性与新生代员工离职意愿: 员工幸福感的中介作用 [J]. 心理学报, 2017, 49(12): 92–102.

[273] Resick C J, Baltes B B, Shantz C W. Person-organization fit and work-related

attitudes and decisions: examining interactive effects with job fit and conscientiousness [J]. Journal of Applied Psychology, 2007, 92 (5): 1446–1455.

[274] Brislin R W. Back-translation for cross-cultural research [J]. J Cross Cult Psychol, 1970, 1(3): 185–216.

[275] Baron R M, Kenny D A. The moderator-mediator variable distinction in social psychological research: Conceptual, strategic, and statistical considerations [J]. Journal of personality and social psychology, 1986, 51(6): 1173–1182.

[276] Tabachnick B G, Fidell L S. Using multivariate statistics [M]. Boston: Pearson, 2007.

[277] Shore L M, Coyle-Shapiro J A. New developments in the employee-organization relationship [J]. Journal of Organizational Behavior, 2003, 24 (5): 443-450.

[278] Bligh M C, Carsten M K. Post-merger psychological contracts: exploring a "multiple foci" conceptualisation [J]. Employee Relations, 2005, 27(5): 495–510.

[279] Shore L M, Barksdale K, Shore T H. Managerial perceptions of employee commitment to the organization [J]. The Academy of Management Journal, 1995, 38(6): 1593–1615.

[280] Levinson H. Reciprocation: The relationship between men and organization [J]. Administrative Science Quarterly, 1965, 9: 370–390.

[281] Cropanzano R, Prehar C A, Chen P Y. Using social exchange theory to distinguish procedural from interactional justice [J]. Group & Organization Management, 2002, 27(3): 324–351.

[282] Goyal P, Rahman Z, Kazmi A. Corporate sustainability performance and firm performance research [J]. Management Decision, 2013, 51: 361-379.

[283] Lourenco I C, Branco M C, Curto J D, et al. How does the market value corporate sustainability performance? [J]. J. Bus. Ethics, 2012, 108(4): 417–428.

［284］Eccles R G, Ioannou I, Serafeim G. The impact of corporatesustainability on organizational processes and performance ［J］. Management Science, 2014, 60(11): 2835－2857.

［285］Lee S H, Ha-Brookshire J. Ethical climate and job attitude in fashion retail employees' turnover intention, and perceived organizational sustainability performance: a cross-sectional study ［J］. Sustainability, 2017, 9(3): 1－19.

［286］Chen C M, Delmas M. Measuring corporate social performance: An efficiency perspective ［J］. Production and operations management, 2011, 20(6): 789－804.

［287］Bhattacharyya A, Cummings L. Measuring corporate environmental performance-stakeholder engagement evaluation ［J］. Business Strategy and the Environment, 2015, 24(5): 309－325.

［288］Jepsen D M, Rodwell J.Female perceptions of organizational justice ［J］. Gender Work & Organization, 2012, 19(6): 723－740.

［289］Parzefall M R. Psychological contracts and reciprocity: a study in a finnish context ［J］. International Journal of Human Resource Management, 2008, 12(9): 1703－1719.

［290］Byrne Z S, Hochwarter W A. Perceived organizational support and performance ［J］. Journal of Managerial Psychology, 2008, 23(1): 54－72.

［291］Vroom V H. Ego-involvement, job satisfaction, and job performance ［J］. Personnel Psychology, 1962, 15(2): 159－177.

［292］Price, James L. Handbook of organizational measurement ［J］. International Journal of Manpower, 1997, 18(456): 305－558.

［293］Porter L W, Lawler E E. Managerial attitudes and performance ［M］. Irwin: Homewood, IL, 1968.

［294］Robbins S P. Organizational behavior: concepts, controversies, and applications ［M］. Upper Saddle River: Prentice Hall, 2001.

［295］Burke R J. Hospital restructuring, workload, and nursing staff satisfaction and work experiences ［J］. Health Care Manager, 2003, 22(2): 99－107.

[296] Harris R B, Harris K J, Harvey P. A test of competing models of the relationships among perceptions of organizational politics, perceived organizational support, and individual outcomes [J]. The Journal of Social Psychology, 2007, 147(6): 631–656.

[297] Okpara J O, Squillace M, Erondu E A. Gender differences and job satisfaction: a study ofuniversity teachers in the United States [J]. Women in Management Review, 2005, 20(3/4): 177–190.

[298] Brooks R. Why loyal employees and customers improve the bottom line [J]. The Journal for Quality and Participation, 2000, 23(2): 40–44.

[299] Choo S, Bowley C. Using training and development to affect job satisfaction within franchising [J]. Journal of Small Business and Enterprise Development, 2007, 14(2): 339–352.

[300] Becker H S. Notes on the concept of commitment [J]. American Journal of Sociology, 1960, 66(1): 32–40.

[301] Meyer J P, Allen N J. Testing the "side-bet theory" of organizational commitment: some methodological considerations [J]. Journal of Applied Psychology, 1984, 69(3): 372–378.

[302] Porter L W, Steers R M, Mowday R T, et al. Organizational commitment, job satisfaction, and turnover among psychiatric technicians [J]. Journal of Applied Psychology, 1974, 59(5): 603.

[303] Steers R M. Antecedents and outcomes of organizational commitment [J]. Administrative Science Quarterly, 1977, 22(1): 46–56.

[304] Allen N J, Meyer J P. Organizational commitment: evidence of career stage effects [J]. Journal of Business Research, 1993, 26(1): 49–61.

[305] Buchanan B. Building organizational commitment: the socialization of managers in work organizations [J]. Administrative Science Quarterly, 1974, 19(4): 533–546.

[306] Wiener Y. Commitment in organizations: a normative view [J]. Academy of Management Review, 1982, 7(3): 418–428.

[307] Lamm E, Tosti-Kharas J, King C E. Empowering employee sustainability:

perceived organizational support toward the environment [J]. Journal of Business Ethics, 2015, 128(1): 207–220.

[308] Cammann C, Fichman M, Jenkins G D, Klesh J R. Assessing the attitudes and perceptions of organizational members [J]. S Seashore Assessiong, Organizational Change, 1983, (71) : 127–138.

[309] Lee S H, Ha-Brookshire J. Ethical climate and job attitude in fashion retail employees' turnover intention, and perceived organizational sustainability performance: a cross-sectional study [J]. Sustainability, 2017, 9(3): 1–19.

[310] Neves P, Eisenberger R. Management communication and employee performance: the contribution of perceived organizational support [J]. Human Performance, 2012, 25(5): 452–464.

[311] Mackinnon D P. Introduction to statistical mediation analysis [M]. New York: Mc Graw-Hill, 2008.

[312] Hall D T. The protean career: a quarter-century journey [J]. Journal of Vocational Behavior, 2004, 65(1): 1–13.

[313] 孙琦. 个人—组织契合对职业成功与组织绩效影响研究 [D]. 大连: 大连理工大学, 2014.

[314] 相建华. 塑造金牌私人教练——现代教练员职业生涯设计 [M]. 北京: 北京体育大学出版社, 2006.

[315] 李婷. 健身教练职业倦怠的现状及对策研究 [D]. 太原: 山西大学, 2011.

[316] 黄杰, 鲍旭辉, 游旭群, 等. 个体资源对 JD-R 模型与工作倦怠关系的中介作用 [J], 心理科学, 2010, 33(04): 963–965.

图书在版编目（ＣＩＰ）数据

健身行业组织支持对组织可持续发展绩效的影响
王喆著. — 上海：东华大学出版社，2024.9
ISBN 978-7-5669-2366-0

Ⅰ.①健… Ⅱ.①王… Ⅲ.①健身运动—体育产业—
组织管理—研究 Ⅳ.①G883

中国国家版本馆CIP数据核字(2024)第094319号

责任编辑：李　晔
版式设计：上海碧悦制版有限公司
封面设计：静　斓

健身行业组织支持对组织可持续发展绩效的影响

JIANSHEN HANGYE ZUZHI ZHICHI DUI ZUZHI KE CHIXU FAZHAN
JIXIAO DE YINGXIANG

王喆　著

出　　版：东华大学出版社（上海市延安西路1882号，邮政编码：200051）
本社网址：dhupress.dhu.edu.cn
天猫旗舰店：http://dhdx.tmall.com
营销中心：021-62193056　62373056　62379558
印　　刷：上海颛辉印刷厂有限公司
开　　本：787mm×1092mm　1/16
印　　张：13.75
字　　数：342千字
版　　次：2024年9月第1版
印　　次：2024年9月第1次印刷
书　　号：ISBN 978-7-5669-2366-0
定　　价：88.00元